M. REIGE

Unfruchtbar?
NEIN, DANKE!

Mein Sieg
über die
Unfruchtbarkeit

novum ◢ pro

Dieses Buch ist auch als
e-book
erhältlich.

Bibliografische Information
der Deutschen Nationalbibliothek:

Die Deutsche Nationalbibliothek
verzeichnet diese Publikation in
der Deutschen Nationalbibliografie.
Detaillierte bibliografische Daten
sind im Internet über
http://www.d-nb.de abrufbar.

© 2025 novum publishing gmbh
Rathausgasse 73, A-7311 Neckenmarkt
office@novumverlag.com

ISBN 978-3-7116-0636-5
Lektorat: Joshua Idstein
Umschlagfotos: Oleg Liashenko,
Aaron Amat I Dreamstime.com
Umschlaggestaltung, Layout & Satz:
novum Verlag
Innenabbildungen: M. Reige

Die von der Autorin zur Verfügung
gestellten Abbildungen wurden in der
bestmöglichen Qualität gedruckt.

www.novumverlag.com

Druckprodukt mit finanziellem
Klimabeitrag
ClimatePartner.com/16547-2311-1001

Auswege aus Kinderlosigkeit und Sterilität
mit Tipps zu Kinderwunschbehandlungen

Autorin: M. Reige

Basierend auf eigenen Erfahrungen

(Bilder und Listen mit Adressen sind
am Ende des Buchs zu finden)
Alle Zeichnungen sind von mir angefertigt,
sind also kein Meisterwerk
Die genannten Mittel und Medikamente sind Teil
meiner Behandlung gewesen und dienen
nicht werblichen Zwecken

Ich bin keine Ärztin, sondern eine ehemalige Patientin

Keine Gewähr für einen glücklichen Ausgang,
nur ein Wegweiser

Es gibt einen bekannten und bewährten Spruch, der genau das aussagt, was ich in diesem Buch erklären werde: „Viele Wege führen nach Rom." Denn genauso verhält es sich mit dem Kinderwunsch. Es gibt viele Möglichkeiten, ein Kind zu bekommen, wir müssen nur die eine finden, die zu uns passt.

Ich werde in diesem Ratgeber/Sachbuch verschiedene Behandlungen erklären. Denn Fakt ist: Die eine Behandlung schlägt bei jemandem an, zeigt aber bei jemand anderem wiederum keine Wirkung. Dass die eine oder andere Behandlungsmethode bei mir nicht gewirkt hat, bedeutet noch lange nicht, dass sie bei Ihnen nicht von Erfolg gekrönt sein könnte. Tatsache ist, man muss erst das eine oder andere erfahren und eventuell ausprobieren, bevor man überhaupt behaupten kann, es wäre für einen nicht geeignet.

Und, was meinen Sie? Wie viele Seiten braucht ein Buch, um jemandem zu seinem ganz privaten Glück zu verhelfen? Dem Glück, ein Kind in den Armen halten zu dürfen ...
Bestenfalls gar keine!
Aber was, wenn sich das Glück nicht sofort einstellen will?
Dann doch massenweise Seiten oder doch nur Glück?
Und glückliche Zufälle und viiiiiiiel Ausdauer. So war es bei mir zumindest.

Eines müssen Sie sich aber immer vor Augen halten, und das ist die meiner Meinung nach wichtigste Prämisse, um ein Baby zu bekommen: Immer positiv denken!

Ich gehöre mittlerweile zu den Glücklichen dazu, die nach einem langen, langen Leidensweg – in meinem Fall dauerte er acht Jahre und genau einen Tag an – endlich ein Kind ihr eigen nennen dürfen.

Wenn Sie sich für dieses Buch entschieden haben, dann wohl auch nur aus einem Grund: Sie wünschen sich nichts sehnlicher, als auch ein Kind zu haben.

Vielleicht haben auch Sie bereits gewisse Schwierigkeiten und Enttäuschungen erlebt. Aber lassen Sie sich nicht entmutigen! Denn auch Sie können es! Wie gesagt, es gibt so viele Möglichkeiten! So unendlich viele! Man darf nur nicht aufgeben, auch wenn man oft genug verzweifelt und Hiobsbotschaften erhält. Es gibt immer noch einen Plan B. Und der lohnt sich!

Davon werde ich Ihnen jetzt erzählen.

Als ich meinen Mann kennenlernte, war ich bereits 33 Jahre alt, man könnte also sagen, dass es eigentlich keine Probleme mit der Fruchtbarkeit geben sollte. Ja, sicher, ich war nicht mehr in den sogenannten ‚besten Jahren‘, und Sprüche wie ‚die Uhr tickt‘ vernahm ich auch schon im Minutentakt, was natürlich nicht wirklich hilfreich ist. Dennoch, ich war, wie gesagt, noch nicht so alt.
Da ich mir nichts mehr wünschte als ein Kind, sagte ich es auch immer frei heraus ... und das war dann so ziemlich das Erste, was ich meinem damaligen Noch-Bekannten und späteren Ehemann sagte. „Ich möchte ein Kind haben!“

Ich habe meinen Mann kennengelernt und sofort geliebt. Erst später kam die Verliebtheit hinzu. Das war interessant, denn so etwas hatte ich noch nie erlebt.
Zwei Tage später haben wir uns wiedergetroffen. Bei diesem ersten Date betonte ich, dass ich auf jeden Fall ein Kind haben wollte und dass, sollte das nicht in seine Lebensplanung hineinpassen, es ihm freistand zu gehen. Das tat er glücklicherweise nicht.

Ich bin jemand, der großen Wert auf Ehrlichkeit legt und daher mit offenen Karten spielt. Ich wollte nicht irgendwann sagen: „Ups, ich bin schwanger, obwohl ich die Pille nehme …"

So entschieden wir also, dass ein Baby zu unserem Leben dazugehören würde, aber wir hatten keinen genauen Zeitpunkt vereinbart. Wir wollten erst mal Zeit für uns haben und schauen, ob wir zusammenpassen.

Und so floss viel Wasser die Donau hinunter, und wir blieben tatsächlich zusammen. Mein Freund machte von sich aus auch weitere Pläne für unsere gemeinsame Zukunft: Arbeitsaufenthalte im Ausland, Zusammenziehen, usw. Ich fühlte mich geschmeichelt und in meinem Vertrauen zu ihm bestärkt. Dann, eines Tages, sprach er mich – von sich aus – auf das Thema Kind an. Und das gerade mal ein Jahr später.

Als er von sich aus zu mir sagte: „Lass es uns versuchen", wusste ich zuerst gar nicht, worauf er abzielte, und so fragte ich schließlich: „Was meinst du?"

„Ein Kind. Ich finde, wir sollten versuchen, ein Kind zu bekommen", betonte er dann mit einem Lächeln im Gesicht.

Meine Hände fingen sofort zu zittern an, als ich endlich begriff, was er zu mir sagte. Und wir stießen darauf an. Die Stimmung passte wunderbar zu diesem heiklen Thema, denn es passierte im Urlaub, ganz romantisch in einem Restaurant direkt am Meer. Ich habe oft überlegt, ob es am Wein oder am romantischen Ambiente lag, aber egal, denn er stand wie immer zu seinem Wort.

Als ich ihn später darauf ansprach, ob es aus einer spontanen Stimmung heraus geschah, dass er es vorschlug, verneinte er. Er betonte, dass er es geplant hätte, und genau mit dieser Absicht dieses bestimmte Restaurant am Meer ausgesucht hatte.

Ist er nicht toll, dieser Mann?

Ich muss noch dazu sagen, dass wir zu diesem Zeitpunkt bereits zusammengezogen waren, was für ihn (betrachtet man seine früheren Beziehungen) sehr untypisch war.

Also legten wir los!

Es vergingen ein paar Monate und es passierte nichts, aber ich dachte mir noch nichts dabei.

Eines Abends, als wir Besuch von seinem Cousin und dessen Familie hatten, kam endlich etwas Bewegung in unsere momentane Situation. Nicht zu sagen: in unsere „Sackgasse".

Das kam so: Wir saßen abends gemütlich am Tisch, nachdem die Kinder ins Bett gegangen waren, und unterhielten uns über alles Mögliche. Die Männer gingen zum Rauchen auf den Balkon und wir Frauen saßen in der Küche. Wie es der Zufall wollte, kamen wir ganz ungezwungen auf das Thema Kinder zu sprechen. Carola, die Frau des Cousins, erzählte mir, dass auch sie nicht sofort schwanger geworden war und sie daher auf den Temperaturkalender schwören würde. Ich hatte schon mal was davon gehört, es aber eben nur unbewusst zur Kenntnis genommen und mich nicht weiter damit beschäftigt. Also bat ich sie, mir mehr davon zu erzählen. Und so erklärte sie mir, wie dieser Temperaturkalender funktioniert.

Ich habe den Kalender für die Körpertemperatur sofort nach ihrem Besuch eingeführt.

Was ist das? Falls Sie das auch nicht kennen, werde ich versuchen, es mit so einfachen Worten wie möglich zu erklären.

Der Temperaturkalender, oder Eisprungkalender, ist ein Verfahren, um den eigenen Zyklus und die Abläufe im Körper genaustens kennenzulernen und danach zu handeln, wenn Sie sich für ein Baby entschieden haben (aber auch sonst ist er eine gute Stütze im Alltag).

Mit Hilfe dessen können nämlich der Zeitpunkt des Eisprungs und die fruchtbarsten Tage bestimmt werden (Zeichnung dazu siehe Anlage 1 am Ende des Buches).

Was Sie dazu tun müssen, ist, täglich die Körpertemperatur zu messen, diese in die Tabelle einzutragen und so die Basaltemperatur zu bestimmen.

Die Basaltemperatur ist die Kurve, die entsteht, wenn Sie alle Messungen vom ersten Tag der Periode bis zum letzten Tag miteinander verbinden. Also setzen Sie ein Kreuz für jeden Tag ein und verbinden diese zu einer einheitlichen Kurve.

Normalerweise schwankt die Körpertemperatur nur wenig, also ca. 0,1 °C bis 0,2 °C. Beim Einsprung dagegen steigt sie um **ca. 0,4 °C bis 0,5 °C**. Sollte bereits eine Schwangerschaft eingetreten sein, bleibt sie sogar konstant hoch, ansonsten fällt sie wieder ab auf die ursprüngliche Temperatur kurz nach dem Eisprung.

Zusätzlich zur Temperaturmessung kann man den Muttermund abtasten.

Und was ist der Muttermund? Muttermund, oder Gebärmuttermund, ist die Öffnung, die Sie abtasten können, wenn Sie den Finger in die innere Scheidewand einführen, wie wenn Sie ein Tampon einführen würden. Er bewirkt, dass die monatliche Blutung aus dem Körper hinaustreten kann, und verhindert, dass Bakterien in den Körper hineinkönnen. Eine sehr wichtige Funktion, die der Muttermund erfüllt, ist es, die Spermien zum erhofften Ziel zu transportieren.

Dabei kann man drei Phasen beobachten. Nach der Periode und nach dem Eisprung ist die Lage des Muttermundes tief und die Öffnung ist geschlossen.

In der Zyklusmitte ist die Lage höher als gewöhnlich und der Muttermund ist bereits halb geöffnet.

Beim Eisprung ist seine Lage hoch und der Muttermund ist endlich offen, um die Spermien abtransportieren zu können, wie bereits erwähnt.

Bei regelmäßiger Anwendung des Kalenders sind die Aussichtschancen auf eine Schwangerschaft recht hoch. Früher gab es schließlich auch keine anderen Hilfsmittel und so benutzten die

Frauen die einfachsten Methoden. Und dazu zählt eben dieser Kalender. Bitte beachten: Der Eisprung selbst findet meist **am Tag vor dem Temperaturanstieg** statt. Die Wahrscheinlichkeit für eine Schwangerschaft liegt somit **1–2 Tage vor dem Eisprung** am höchsten. Deshalb ist es auch so wichtig, diesen Kalender länger zu führen und mehrere Zyklen zu notieren.

Auch mein Mann und ich haben auf dieses Verfahren zurückgegriffen. Ich maß brav die Temperatur ab, machte die Kreuzchen …

Aber auch damit tat sich nichts. Mal wieder Zeit vertan, dachte ich mir.

Als Nächstes habe ich ClearBlue gekauft. Das sind Ovulationstests, bei denen der Urin täglich kontrolliert wird, damit man erkennt, wann die fruchtbarsten Tage sind (als ‚fruchtbarste Tage' werden die Tage bezeichnet, die direkt vor dem Eisprung sind, bzw. der Tag des Eisprungs[1] selbst).

Erklärung zum Produkt: ClearBlue (es gibt natürlich auch andere, ähnliche Produkte) erkennt den Anstieg des luteinisierenden Hormons (LH)[2] im Urin. Bevor Ihre Eierstöcke eine Eizelle ausstoßen (auch Eisprung genannt), steigt der LH-Wert an. Das passiert meistens 24–36 Stunden vor dem Eisprung. Das sind die fruchtbarsten Tage, also die mit der besten Aussicht, schwanger zu werden.

Was ist ein Eisprung, wozu wird er benötigt? Beim Eisprung gibt der Eierstock eine herangereifte Zelle frei. Diese wandert Rich-

---

1 Eine Zeichnung befindet sich am Ende des Buches, Anlage 2
2 Das luteinisierende Hormon, auch Luteinisierungshormon oder Lutropin genannt, wird in der Hirnanhangsdrüse gebildet und zählt zu den Hormonen, welche bei der Regelung der Fortpflanzung mitwirken (Erklärung auf Wikipedia)

tung Eileiter und anschließend Richtung Gebärmutter. Sollten in dieser Phase Samen darauf treffen, kann es zur Schwangerschaft kommen. Rund um den Eisprung ist also die beste Zeit, um die so sehr erwünschte Schwangerschaft eine Tatsache werden zu lassen (siehe Anlage 2).

Voller Zuversicht habe ich meine täglichen Kontrollen eingehalten, von den einen fruchtbarsten Tagen zu den nächsten hin gefiebert und gehofft, dass sich bald etwas tun würde.

Ich brauche nicht zu erwähnen, dass man als verliebtes Paar sowieso öfters spontanen Geschlechtsverkehr hat, als ein Paar, das schon seit Ewigkeiten zusammen ist. Dennoch, diese Kontrollen, wann man mit größter Wahrscheinlichkeit schwanger werden könnte, zerrten schon manchmal an meinem Nervenkostüm. Und nicht nur an meinem, denn ich bläute auch meinem Mann ein, dass wir immer zwei oder drei Tage vor diesen bestimmten Tagen keinen Geschlechtsverkehr haben sollten. Angeblich sind die Spermien eines Mannes aktiver, nachdem man eine Pause einlegt (das halte ich mittlerweile für ziemlichen Quatsch).

Wir machten aber dennoch brav weiter und versuchten, alle möglichen Einschränkungen einzuhalten und hinzunehmen. Dafür bin ich meinem Mann wirklich mehr als dankbar! Also hofften wir, dass sich bald etwas tun würde. Die Monate zogen ins Land und es tat sich nichts. Jeden Monat, pünktlich auf den Tag genau, bekam ich meine Periode.

Zumindest darauf konnte ich mich verlassen: dass die Tage pünktlich kamen und ich mir nicht grundlos Hoffnungen machen musste.

Manchmal kaufte ich auch keine Tampons, wenn sie mir ausgingen, um meinen Körper und meine Psyche zu beeinflussen, aber vergebens. Verrückt, oder?
    Ein- oder zweimal passierte es dann doch, dass meine Periode erst später kam, und schon hofften wir, dass das Schicksal es

auch mit uns gut meinte. Aber dann wieder die Enttäuschung: zu diesem Zeitpunkt leider noch nicht.

Tatsache ist, dass manche Körper auf Klimaveränderungen wie Urlaub und sogar auf Krankheiten reagieren, und dadurch den Monatszyklus beeinflussen. Dadurch kann sich die Periode verspäten und sogar für einen Monat komplett aussetzen. Aber: nichts, es tat sich einfach nichts! So sehr wir es hofften und alles versuchten.

Also entschieden wir uns dafür, den nächsten Schritt zu gehen. Es musste schließlich kontrolliert werden, ob einer von uns eventuell eine körperliche Beeinträchtigung hatte.

Ich habe vorher gar nicht gewusst, wie viele Komponenten zusammenhängen und wovon es alles abhängen kann, ob man schwanger wird oder nicht. Daher mussten wir uns beraten lassen. Und was ist dann normalerweise der erste Schritt? Natürlich! Zuerst muss die Frau alles kontrollieren lassen, denn ein Mann würde es nie auch nur annähernd in Erwägung ziehen, dass es an ihm liegen könnte.

Ich ging mit herabhängenden Schultern zu meiner Frauenärztin und musste feststellen, dass sie von einem jungen Frauenarzt ersetzt worden war.

Was für eine Enttäuschung! Ich war meine Frauenärztin seit Ewigkeiten gewohnt, ich hatte zu ihr Vertrauen und fühlte mich wohl bei ihr. Dieser Mann, wahrscheinlich gerade mal so alt wie ich, zog mein Problem und meine Enttäuschung ins Lächerliche. Er machte Sprüche wie: „In Ihrem Alter geht es nicht mehr so schnell" und „Warten Sie noch eineinhalb Jahre ab, Sie dürfen nicht ungeduldig sein. Falls sich bis dahin noch immer nichts getan hat, dann müssen wir schauen." Eineinhalb Jahre! Ich war bereits 34. Und ich sollte noch EINEINHALB JAHRE warten?

Ich ging nach Hause und erzählte meinem Freund von diesem Arztgespräch. Wir dachten uns: „Na ja, er wird es schon wissen!" Dennoch, ein ungutes Gefühl blieb. Ich war so blind und blöd, darauf zu vertrauen, dass sich noch etwas von allein tun würde. Ich will nicht über Ärzte schimpfen, denn sie alle haben mehr Erfahrung und Kenntnisse als ich, aber einem Ertrinkenden zu sagen, dass er sich noch kurz gedulden soll, ist nicht wirklich hilfreich. Dennoch nahmen wir es so hin und dachten uns: „Wir versuchen es einfach weiter, er ist schließlich vom Fach."

Ein halbes Jahr später folgte die nächste Kontrolluntersuchung. Bei dieser Untersuchung kamen, so ungern ich das sage„ wirklich nur blödsinnige Sprüche, die ich nicht mal erwähnen möchte. Ich entschied mich also, den Frauenarzt zu wechseln. Zum Glück! Dazu möchte ich mir im Nachhinein gratulieren, denn das brachte endlich den Stein ins Rollen. Ja, meine Damen, manchmal fällt es einem schwer, Gewohntes gegen Neues einzutauschen, aber manchmal lohnt es sich wirklich, etwas zu wagen.

Ich muss aber vorab noch erwähnen, dass sich meine Lebenssituation zwischenzeitlich grundlegend geändert hatte: Mein Freund und ich waren nicht mehr nur Freund und Freundin, sondern hatten geheiratet. Somit waren wir mittlerweile Mann und Frau, und seit unserer Entscheidung, ein Baby zu bekommen, war bereits über ein ganzes Jahr verstrichen. Was für eine Zeitverschwendung!

Nun, ich hatte mich im Freundeskreis umgehört und dann endlich einen Termin bei einem anderen Frauenarzt ausgemacht. Natürlich hatte ich im Bekanntenkreis nichts über unser Problem erzählt, sondern nur gesagt, dass ich auf der Suche nach einem anderen Frauenarzt sei.

Vom ersten Augenblick an habe ich mich hier wieder wohlge-
fühlt. Und nicht nur das! Als ich diesem Frauenarzt von unserem
Wunsch erzählte, wurde ich zuerst gründlich untersucht und
sofort auch ein Chlamydien-Test gemacht. Wieso nicht gleich so?
  Sie werden sich vermutlich fragen, wieso überhaupt ein
Chlamydien-Test?

Chlamydien sind fiese Bakterien, die durch Geschlechtsverkehr
übertragen werden. Da sie leider keine Symptome aufweisen, also
weder Ausfluss noch sonstige Beschwerden wie vielleicht Bauch-
schmerzen, Jucken oder Ähnliches verursachen, kann man sie unbemerkt mit sich tragen und ungehindert auf den nächsten Partner
übertragen. . Bleiben diese unbehandelt und unbemerkt, können
sie böse Folgen bei uns Frauen haben, nicht aber beim Mann. Der
Mann ist nur der Überträger und hat keine Auswirkungen zu be-
fürchten. Bei uns Frauen dagegen geht es ums Ganze! Und zwar,
weil die Eileiter (Erklärung in der Anlage 3) verstopfen können,
wodurch eine vorübergehende (und ohne Behandlung permanen-
te) Sterilität entsteht und die Frau nicht schwanger werden kann.

Das ist aber zum Glück kein irreparabler Prozess, wie ich später erfuhr, als ich wegen einer speziellen Behandlung ins Ausland flog. Aber dazu später noch mehr. Und siehe da, ich hatte
tatsächlich Chlamydien. Ich bekam die nötige Versorgung mit
Antibiotika und einen sehr guten Rat. Mit den Worten „Falls Sie
Kinder haben möchten, dann dürfen Sie nicht mehr warten! Sie
müssen sofort einen Termin hier vereinbaren." drückte mir mein
Arzt eine Telefonnummer in die Hand. Denn ja, dieser Arzt hatte
endlich eine Lösung für uns, speiste mich nicht mit lapidaren
Kommentaren ab und vertröstete mich auch nicht auf später.

Die Lösung war jemand, der sich sowohl um meinen Mann als
auch mich kümmern sollte, nicht nur gezielt um mich, und dadurch nicht noch mehr Zeit verstreichen ließ: Es ging dabei um
eine IVF-Klinik. Ich hatte davor noch nie etwas davon gehört.

Weder wusste ich von solchen Behandlungen noch von der Existenz solcher Kliniken.

2004 waren diese Kliniken eben, im Gegensatz zu heute, noch kein gängiger Begriff.

Aber zu diesem Zeitpunkt war ich noch zuversichtlich, dass sich etwas auf normalem Wege ereignen würde, und hatte mich noch gar nicht richtig nach anderen Möglichkeiten umgeschaut oder umgehört. Außerdem hatte ich gar nicht angenommen, dass außer uns sonst noch jemand im Bekanntenkreis solche Probleme haben könnte. Ich sollte mich darin irren, aber das stellte sich auch erst viel später heraus.

IVF (Anlage 4) bedeutet In-Vitro-Fertilisation, also künstliche Befruchtung im Reagenzglas, mit anderen Worten: eine assistierte Reproduktion. Anders ausgedrückt: Schaffst du das nicht allein, dann helfen wir dir im Labor aus.

Ich las alles, was ich darüber finden konnte, und hatte sofort das Gefühl, dass sich endlich auch für mich/uns etwas Gutes auftun würde. Und ich hatte recht – wenn auch nur teilweise.

Falls Sie auch bereits Erfahrungen mit In-Vitro-Befruchtungen haben, die dennoch nicht halfen, legen Sie das Buch noch nicht weg, denn es gibt noch weitere Möglichkeiten und Alternativen, wie Sie feststellen werden.

Aber zuerst zurück zur IVF-Klinik. Eine solche Klinik kümmert sich also um Menschen wie mich, Menschen, die sich ein Kind wünschen und nicht mehr im zarten Alter von 20 sind. Alles, was ich im Internet darüber las, klang vernünftig. Ja, ich wollte diese Behandlung haben. Eine Behandlung, die nach einem sehr strikten Programm abläuft, die gewisse Einschränkungen mit sich bringt, aber erfolgversprechend klingt.

Mit zitternden Händen rief ich dort an und ließ mir eine sogenannte Prospektmappe zukommen.

Es dauerte gerade mal einen Tag, bis wir die Mappe vor uns aufgeschlagen hielten. Formulare über Formulare erschlugen uns zunächst fast, so ausführlich mussten wir unser Privatleben vor anderen ausbreiten, aber wir waren bereit. Wir wollten den nächsten Schritt wagen. Jedoch sollte niemand im Bekanntenkreis davon erfahren.

Ja, es ist irgendwie schon ein Gefühl der Scham da, als hätte man selbst etwas falsch gemacht, wenn man nicht schwanger wird.

Und am schlimmsten trifft es einen dann, wenn im Bekanntenkreis Freundinnen ungewollt schwanger werden und Sie, die sich ein Kind so sehr wünschen, schaffen es nicht.

Es ist schlimm!

Es kam mir wirklich einfach peinlich vor, sagen zu müssen, dass ich mir helfen lassen muss. Oder noch schlimmer, es mir selbst einzugestehen, dass ich es ohne Fremdeinwirkung nicht schaffe. Negative Gefühle sind nicht hilfreich, außerdem hilft es ungemein, wenn man jemanden hat, dem man sich anvertrauen kann.

Also unterzieht man sich der Behandlung, ohne es einer Menschenseele zu erzählen. Zumindest fast keiner Menschenseele, denn meine Eltern wussten davon und haben uns die manchmal benötigten Geldspritzen und die seelische Unterstützung zukommen lassen. IVF und die weiteren Behandlungen kosten nicht wenig Geld, Nerven und Durchhaltevermögen.

Aber das haben Sie offensichtlich selbst erlebt, zumindest das eine oder andere, sonst hätten Sie dieses Buch nicht gekauft.

Also, zurück zur IVF-Behandlung: Dieses Verfahren kostet ein verheiratetes Paar für die ersten drei Behandlungen zunächst nichts (zumindest ist es so in Deutschland).

Ja, die gesetzlichen Krankenkassen übernehmen tatsächlich schon mal die ersten drei Behandlungen. Soviel ich weiß, gilt das auch für Privatpatienten, solange ihre Krankenkasse die Kinderlosigkeit als eine behandlungsbedürftige Krankheit einstuft. Das variiert vermutlich auch von Kasse zu Kasse.

Meine Krankenkasse bietet sogar eine zusätzliche Leistung an, und zwar erhält man eine zusätzliche kostenfreie Behandlung, falls man direkt bei der ersten Behandlung schwanger wird, selbst wenn diese in einer Fehlgeburt endet. Also summa summarum vier Behandlungen auf Kosten der Krankenkasse. Das klingt toll und nimmt einem gewaltig den Druck ab. Das Gesundheitssystem hierzulande funktioniert noch.

Ich habe auch in anderen Ländern gelebt, und auch davon werde ich erzählen. Dort läuft es komplett anders als hierzulande ab, und man hat wesentlich höhere Kosten selbst zu tragen, aber auch dort ist es so: In Frankreich bekommt man sechs Inseminationen (Anlage 6) (auch diese Behandlung erkläre ich noch) und vier IVF-Behandlungen von der Krankenkasse bezahlt, und in England sind es drei IVF-Behandlungen, die die Krankenkasse übernimmt. Ansonsten belaufen sich die Kosten in Frankreich bei ungefähr 3000 € (mit Eizellspende kostet es ca. 6000 €), wogegen sie in England zwischen 4000–7000 £ variieren können (mit Eizellspende liegen die Kosten über 10 000 £).

Zurück von meinem kurzen Exkurs über Kosten und weiter mit der IVF-Behandlung: Mein Mann und ich haben noch am selben Abend alle Unterlagen ausgefüllt. Sie können sich nicht vorstellen, was da alles abgefragt wird. Es bleibt kein Geheimnis unergründet. Vielmals hatten wir ein komisches Gefühl, solche Intimitäten preiszugeben, aber es liegt tatsächlich eine Logik dahinter.

Am nächsten Morgen habe ich brav alles eingescannt und auf der Webseite der Klinik hochgeladen.

Wir erhielten nicht sofort eine Antwort. Aber darauf waren wir vorbereitet, denn man hatte uns explizit erklärt, dass es ein paar Tage in Anspruch nehmen würde. Schließlich mussten unsere Daten ausgewertet werden. Die Erklärung war bereits auf der Seite der Klinik und in der Mappe selbst zu finden: Der Ablauf war so gedacht, dass sich einer der Ärzte oder ein Ärzteteam zuerst alles in Ruhe durchlesen und nach gründlicher Überlegung und Erwägung unserer Chancen einen persönlichen Termin vereinbaren würde.

Als der Tag unseres ersten Termins endlich da war, schwitzte ich kalt und warm vor Aufregung. Ich war mir sicher, dass dies der richtige Weg war und wir jetzt bald ein Baby bekommen würden. Ich habe andere Möglichkeiten gar nicht erst in Betracht gezogen. Für mich war es klar: IVF-Klinik und ta-da, Baby!

Aber auch das war nur ein weiterer Schritt auf dieser beschwerlichen Reise, die wir angetreten waren, als wir uns für ein Kind entschieden hatten. Denn eine IVF-Behandlung erfordert minutiöse Planung und Einhaltung von vorgegebenen Terminen. Es gibt kein: ‚Jetzt passt es gerade nicht‘ und es gibt auch kein ‚Vielleicht später‘. Nein! Es gilt, alles genau einzuhalten und in die Tat umzusetzen. Also, hören Sie auf die Anweisungen der Ärzte und des Fachpersonals und befolgen Sie diese akribisch, nur so können Sie Ihr Ziel erreichen.

Und so verlief es bei uns: Mein Mann und ich wurden zuerst zu einem gemeinsamen Gespräch eingeladen. Anschließend wurden wir getrennt, um uns einzeln zu untersuchen und um ein persönliches Gespräch mit uns zu führen. Vermutlich wollte man auch sichergehen, ob beide Partner bereit waren, diesen holprigen Weg zu gehen. Ist es vielleicht auch ein bisschen, um die psychische Gesundheit des Einzelnen in Frage zu stellen und zu testen? Das kann ich nicht beantworten! Ob die Ärzte das jetzt immer noch so machen? Das würde ich vermuten. Es ist ja auch wirklich nicht einfach! Nun ja, wir bestanden alle Tests, die an diesem Tag vorgenommen wurden. Genaueres haben wir bis heute nicht erfahren, außer, dass wir mit Beginn meines Monatszyklus die Behandlung in Angriff nehmen würden, vorausgesetzt, ich würde eine Woche lang jeden Morgen vor 8:00 Uhr eine Urinprobe mitbringen. Dabei wird der Östrogenspiegel gemessen und anhand dessen die weiteren Schritte durchdacht, um die richtige Medikation verschreiben zu können.

Ich muss gestehen, dass für mich im Rahmen der Behandlungen immer wieder Fragen offenblieben, die ich aber nicht stellen wollte, da ich mir ansonsten wie gehirnamputiert vorgekommen wäre. Manchmal kam es mir vor, als hätte man Medizin studiert haben müssen, um all die Begriffe und Prozeduren zu verstehen. Mir ist einerseits klar, dass diese Ärzte-Teams eine Menge leisten und sie sich nicht mit jedem Patienten ewig aufhalten können. Auf der anderen Seite glaube ich, dass sie auch ganz einfach vergessen, dass nicht alle Menschen ihr Wissen haben.

Sorry, aber damit kann ich nicht dienen, ich bin nicht vom Fach. Mein Marketing-Jargon reicht leider nicht aus, Punkt! Manchmal habe ich mir Begriffe einfach gemerkt und diese im Internet nachgeschlagen, schließlich will man das Fachpersonal nicht mit unnötigen Fragen aufhalten und ihre Zeit verschwenden. Machen Sie das nicht so wie ich! Stellen Sie Fragen, wenn Sie welche haben. Denn Fragen sind dazu da, um gestellt zu werden. Auch wenn Sie das Gefühl haben, dass alles schnell, schnell, schnell gehen muss.

Einer dieser mir unbekannten Begriffe war direkt am Anfang der Behandlung und lautete „Sims-Huhner-Test". Tut mir leid, aber ich will genau wissen, was mit meinem Körper passiert und auch, was in meinem Körper vonstattengeht. Das ist doch verständlich, oder? Wieso habe ich dann nicht gefragt? Weil ich andere nicht nerven wollte. Ich war einfach eingeschüchtert. Zumindest habe ich es danach doch noch gegoogelt (oder vielleicht geyahoot, für die, denen diese Suchmaschine noch bekannt vorkommt).

Also, dieser Sims-Huhner-Test war ein Teil der weiteren Voruntersuchung. Dazu muss man Sex haben. Ich betone *muss*, denn es ist wirklich so, dass man an einem bestimmten, vom Arzt festgelegten Abend Geschlechtsverkehr haben muss. Am nächsten Morgen rennt man wieder in die Klinik, natürlich noch vor der Arbeit (ich habe das Glück, dass ich anfangen kann, wann es mir passt, solange die Arbeit erledigt wird) und wird gründlichst untersucht.

Dabei werden Proben aus der Scheide entnommen. Und siehe da, das erste Ergebnis: Mein Körper tötete die Spermien meines Mannes ab! Hä? Ist das denn zu fassen? Und was jetzt? Erstens: Keine Panik, denn schließlich sind die Kliniken da, um Ihnen zu helfen, denn wenn Sie keine Probleme hätten, dann wären Sie schon längst schwanger und die Kliniken arbeitslos. Dieser Test trägt auch den Namen Postkoitaltest. Dabei wird die Scheide untersucht und die sich darin befindliche Flüssigkeit, genannt Sekret. Unter dem Mikroskop, bei 400-facher Vergrößerung, wird untersucht, wie viele bewegliche Spermien zu erkennen sind. Dabei wird festgestellt, ob der weibliche Körper mit Antikörperbildung reagiert, wie in meinem Fall eben.

Und zweitens, wie ich leider erst später erfuhr, kann man diese Abwehrreaktion des Körpers beeinflussen, indem man einfach das Trinkwasser wechselt. Es gibt nämlich so viele verschiedene Arten von Wasser, und diese können auch tatsächlich die Scheidenflora beeinflussen. Das ist nicht bei jedem Menschen so, aber, bei manchen macht es wirklich einen riesigen Unterschied. Bei mir war es eben der Fall! Wenn es in der Scheide zu sauer ist, können die Spermien nicht passieren, um sich auf die Suche nach dem zu befruchtenden Ei zu machen. Unglaublich, oder?

Die eine Wassersorte enthält mehr Natrium, andere mehr Kohlensäure usw. So einfach ist das. Ja, meine Damen, so etwas soll es auch geben. Und dabei trinke ich nicht mal Säfte, sondern tatsächlich nur Wasser. Also am besten kein Wasser mit Kohlensäure trinken. Das Wasser, das mir zu einem späteren Zeitpunkt empfohlen wurde, war ein stilles Wasser, dessen Namen mit E anfängt, fünf Buchstaben hat und mit N endet, rückwärts gelesen ergibt es „naive" (tut mir leid, aber ich weiß nicht, ob ich den Markennamen verwenden darf, aber man kann auch so leicht darauf kommen).

Was wäre gewesen, wenn ich Säfte getrunken hätte? Ich habe nicht gefragt. Schon wieder nicht. Aber man sollte sowieso nur Wasser trinken. Weniger Kaffee hilft wohl auch, vor allem, wenn Sie diesen mit Milch und Zucker trinken. Wenn Sie sich dennoch Kaffee erlauben möchten, oder schlichtweg nicht darauf verzichten können, dann sollten Sie immer eine einstündige Pause zwischen Kaffee und Nahrungsaufnahme einhalten, sowohl davor als auch danach. Wie mir erklärt wurde, gehen ansonsten alle Vitamine verloren. Nun gut, jetzt bin ich auch klüger und hoffe, dass Sie das auch bedenken.

Schon Kleinigkeiten können eine massive Wirkung auf unseren Körper haben. Auch darüber habe ich im Laufe meines Martyriums noch mehr erfahren. Dazu später mehr, wenn ich die Akupunkturbehandlung erkläre.

Um ehrlich zu sein, hielt ich das Ergebnis für eine Ausnahme von der Regel, etwas, das mir für zu geringfügig vorkam, um meine Sterilität zu erklären. Denn bei der Untersuchung wurde bewiesen, dass manche der Spermien es durchaus geschafft hatten, die Mauer der zu sauren Scheide zu durchbrechen. Aber eben nur teilweise.

Ich habe es bereits am Anfang dieses Buches erwähnt, aber vergessen Sie nie die meiner Meinung nach wichtigste Prämisse, um ein Baby zu bekommen: Immer positiv denken, auch wenn Sie manchmal das Gefühl haben, dass sich alle und alles gegen Sie verschworen hat.

Und wieder zurück zum Behandlungsablauf: Nächster Schritt, bereits erwähnt: Urinabgabe. Täglich, eine Woche lang. Nach Ablauf der Tage mit der Abgabe von Urinproben erhielten wir auch endlich die Rezepte und den genauen weiteren Verlauf. Ich sollte alles in der Apotheke besorgen. Zuerst aber erklärte und zeigte man mir, wie man sich eine Spritze (genannt Puregon Pen[3]) selbst setzen muss, um sich die nötigen Hormone zu spritzen.

Ja, richtig gelesen: Man muss sich täglich zur exakt selben Zeit selbst entweder in den Bauch oder in den Oberschenkel spritzen.,. D. h. selbst wenn Sie gerade in einem Meeting sitzen, müssen Sie sich pünktlich auf die Toilette entschuldigen, um alles genau zur vorgegebenen Zeit zu machen. Keine Ausreden!

Allerdings hatte ich zusätzlich zu den Spritzen auch noch ein Nasenspray, das ich jeden Morgen benutzen musste. Und zwar ab dem ersten Tag eines Monatszyklus bis ungefähr zum 10., 11. oder 12. Tag dessen. Dabei muss man akribisch darauf achten, dass man nicht an zwei aufeinanderfolgenden Tagen dasselbe Nasenloch besprüht. Ich machte mir daher jeden Tag auf der Verpackung des Sprays eine Notiz. Denn manchmal ist man in der Früh so benebelt (ich zumindest!), dass man sich nicht mehr genau daran erinnern kann, welches Nasenloch das richtige ist. Dieses Nasenspray bewirkt in Kombination mit den Spritzen, dass Eizellen heranreifen. Das Nasenspray, das ich benutzt habe, heißt Synarella. Dieses Spray ist ein Hormonpräparat, also benutzen Sie es wirklich nur nach den Angaben des Arztes. Manche Frauen müssen zweimal täglich sprühen. Ich musste nur einmal am Tag und nur einen Sprühstoß abgeben.

---

3 Puregon Pen = Puregon 600 IE/0,72 ml Injektionslösung enthält Follitropin beta, ein Hormon, das als follikelstimulierendes Hormon (FSH) bekannt ist. FSH spielt eine wichtige Rolle bei der menschlichen Fruchtbarkeit und Fortpflanzung. (Erklärung aus dem Internet)

Genau wie die Spritzen bewirkt das Spray im Rahmen einer IVF-Behandlung, dass die Follikel stimuliert werden.

Und was ist ein Follikel? Das ist so etwas wie ein Bläschen, indem sich das heranreifende Ei befindet, also eine Schutzhülle für das Ei (Anlage 9). Wie gesagt sollten Sie bei der Anwendung des Sprays unbedingt die Anweisungen der Ärzte befolgen.

Und was ist mit „Heranreifen der Eizellen" gemeint? Nun, folgende Erklärung dazu: Unter normalen Umständen geschieht das im weiblichen Körper auf natürliche Art und Weise, und zwar monatlich. Dabei reift eine Eizelle heran, geht sozusagen auf Wanderung über die Eileiter Richtung Gebärmutter. Das passiert, wenn das Gehirn das luteinisierende Hormon (LH) ausstößt. Damit wird der sogenannte Eisprung eingeleitet, und die Eizelle schlüpft aus dem Follikel heraus und hofft, während dieser Wanderung auf Samen zu treffen, um sich zu einem Embryo zu entwickeln. Wie gesagt, das ist der normale Weg. Dabei bewegt sich während eines natürlichen Zyklus nur eine einzige Eizelle Richtung Gebärmutter!

Nun ist es aber so, dass mit Hilfe des Sprays und der nötigen Hormonspritzen mehrere Eizellen heranreifen (diese Eizellen sind im Körper bereits vorhanden und entstehen nicht aufgrund der Hormonspritzen oder des Nasensprays).

Wir werden mit diesen Eizellen geboren. Der weibliche Körper hat von Geburt an eine begrenzte Anzahl von Eizellen in der Gebärmutter. Monat für Monat wird eine davon größer, das nennt sich „heranreifen". Die gereifte Eizelle geht auf Wanderung durch den Eileiter Richtung Gebärmutter. Trifft sie auf Spermien, versucht sie, sich in der Gebärmutter einzunisten. Trifft sie auf keine Spermien, oder können diese das Äußere der Eizelle nicht durchdringen, verkümmert sie und verlässt unbefruchtet den Körper.

Die hormonelle Behandlung mit Spray und Spritzen dient dazu, dass während eines Zyklus mehrere Eizellen gleichzeitig groß und schließlich befruchtet werden können. Das erhöht die Wahrscheinlichkeit einer Schwangerschaft, denn zwei Eizellen haben eine größere Chance als eine einzige. Logisch!

Also lernte ich, mir selbst Spritzen zu geben. Das passiert ungefähr ab dem achten Tag des Zyklus. Es war nicht einfach, das während der Arbeit so unauffällig wie möglich zu machen. Schließlich hat man manchmal Termine oder Meetings. Dennoch ist es unabdingbar, dass die Zeiten der Hormonspritzen genaustens eingehalten werden. Nicht nur das war eine teilweise Herausforderung. Schlimmer war zu Beginn die Überwindung, die es brauchte, um sich selbst zu spritzen.

Die zweite Hürde hatte ich allerdings bei einer invasiveren Art der IVF-Behandlung: Man brauchte verschiedene Utensilien und Fläschchen. In der einen Flasche befand sich eine Flüssigkeit und in einer anderen befand sich das Pulver mit dem Zaubermittel, das beim Heranreifen der Eizellen hilft. Man hat also eine Spritze mit einer großen, langen Nadel, die glücklicherweise nur dazu da ist, um die Flüssigkeit leichter aus der Flasche herauszubekommen, aber nicht zur Injektion in die Haut dient.
    Die Flüssigkeit spritzt man anschließend in die Flasche mit Pulver und schüttelt, bis sich diese zwei Zutaten miteinander vermischt haben. Ich kann nicht sagen, wie oft ich verzweifelte, weil ein paar Reste in der Flasche blieben.
    Ich habe daher den Inhalt der Spritze nochmals zurück in die ursprüngliche Flasche gespritzt und die Nadel hin und her bewegt, um sicher zu sein, dass nun wirklich alles drin war. Ich wollte keinen einzigen Tropfen verschwenden. Ich hatte Angst, dass die Behandlung dadurch vielleicht nicht reibungslos ablaufen würde. Ja, ich habe mir oft genug selbst Stress gemacht, selbst dann, wenn kein Grund dazu bestand.
    Wenn sich dann alles in der Spritze befindet, drückt man ganz vorsichtig die Luft nach oben raus. Am besten klopft man ganz leicht gegen die Spritze, denn Luft darin hat keinen Nutzen, oder?

Dann ersetzt man die dicke Nadel durch eine kleine, feine Spitze. Aber bevor man sich die Spritze setzt, muss die Stelle desinfiziert werden. Und dann geht es mit zittrigen Händen an die nächste Aufgabe: Sich selbst spritzen!

Der Gedanke an ein Kind beflügelte mich dabei, und so zählte ich bis drei, und dann gab es kein Zurück mehr. Irgendwann musste ich nicht mehr zählen, aber das kam erst mit der Zeit.

Mit dem Puregon Pen ist das Verfahren etwas leichter, denn da bleibt einem das Mischen erspart, man muss nur die Skalierung beachten und nur so viel am Verschluss drehen, dass die gewünschte Menge injiziert wird. Also, man muss genau die Menge spritzen, die einem mitgeteilt wurde und das Spritzen an sich bleibt. Na klar, Spritze ist Spritze!

Ich habe es lange Zeit ins Bein injiziert, aber ich muss sagen, dass es im Bauch weniger schmerzhaft ist. Sollte das möglich sein? Ja, denn am Bauch sind weniger Nerven und dafür mehr Fettzellen (auch wenn man ganz dünn ist).

Außerdem habe ich irgendwann verstanden, wie man die Spitze der Hormonspritze einführen muss, um die Haut so wenig wie möglich zu verletzen und dadurch fast keine Schmerzen und weniger blauen Flecken zu bekommen. Natürlich bin ich nicht vom Fach, aber bei mir hat es geholfen.

Dazu geht man folgendermaßen vor: Man nimmt die Haut zwischen Daumen, Zeige- und Mittelfinger und zieht sie etwas in die Höhe. Und dann führt man die Spritze **mit der Öffnung der Nadel <u>nach oben</u> in die Haut ein** (Anlage 5).

Die weitere Behandlung läuft folgendermaßen ab: Ein paar Tage nach Beginn des Spritzens geht man zur Kontrolle. Dabei wird die Entwicklung dokumentiert und, falls nötig, die Hormongabe erhöht. Diese Kontrolle erfolgt in regelmäßigen Abständen, bis der Patientin mitgeteilt wird, dass sie die Hormone absetzen soll und es dann zum nächsten Schritt kommt: Wenn die

Eizellen eine bestimmte Größe erreicht haben – das ermitteln die Kontrollen, auch Follikelmonitoring genannt –, werden sie unter Vollnarkose entnommen. Dieses Verfahren nennt sich Follikelpunktion.

Übrigens, nach dieser Behandlung werden Sie auf jeden Fall jemanden brauchen, der Sie abholt. Denn nach einer Vollnarkose sollte man das selbständige Fahren mit jeglichen Verkehrsmitteln tunlichst vermeiden. Man weiß schließlich nie, wann es einem eventuell doch schlecht wird. Außerdem ist der Körper etwas geschwächt.

Und was passiert mit den Eizellen?

Die entnommenen Zellen, gereifte Eizellen genannt, kommen mit den Spermien des Mannes – die der Mann ein paar Tage davor zur Vorbereitung abgibt – in ein Reagenzglas, und nach ein paar Tagen erfährt man, ob sich etwas getan hat.

Wie, etwas getan? Das bedeutet, man wartet ab, ob eine Eizelle sich befruchten ließ, daraus also ein Embryo entstand und dieser dann der Frau in die Gebärmutter eingepflanzt werden kann.

Das ist die schlimmste Zeit *ever*, muss ich sagen, in der man darauf warten muss,, ob es überhaupt zur Embryobildung kam und ob man endlich eine Chance erhält, schwanger zu werden. Das passiert also beim IVF-Verfahren.

Es gibt eine weitere Vorgehensweise, wenn die Spermien des Mannes zu langsam sind. Dann werden sie mit Hilfe einer sehr dünnen Nadel direkt in die Eizelle injiziert. Das ist in dem Fall notwendig, dass die Spermien aufgrund ihrer Nichtbeweglichkeit die Eizelle unter normalen Umständen niemals durchdringen könnten. Dieses Verfahren nennt sich ICSI (Intrazytoplasmatische Spermieninjektion), siehe Anlage 8.

Nebenbei erwähnt: Eine Freundin von uns benötigte dieses Verfahren drei Mal, da die Spermien ihres Mannes zu langsam sind. Sie ist jetzt zweifache Mutter.

Dass auch sie nicht auf natürlichem Wege schwanger wurde, erfuhren wir auch erst später, denn wie gesagt sprach damals niemand darüber. Erst als wir anfingen, von unseren erlebten Schwierigkeiten beim Kinderkriegen zu berichten, ergab es sich, dass immer mehr Bekannte von sich aus erzählten, selbst davon betroffen gewesen zu sein.

Aber zurück zur Behandlung! Am Tag meiner ersten Eizellentnahme waren auch andere Frauen in der Klinik, denen diese Behandlung auch am selben Tag bevorstand.

Übrigens finde ich die Terminplanung der Kliniken phänomenal. Es ist unglaublich, wie viele Punkte exakt aufeinander abgestimmt werden, damit hier alles reibungslos verlaufen kann und es auch wirklich tut.

Die Eizellentnahme geschieht unter Vollnarkose. Ich war an diesem Tag die zweite Patientin, womit mir das ewige Warten schon mal erspart blieb. Und nicht nur das: Ich hatte kein Problem mit der Narkose, ganz im Gegenteil zu anderen Damen, die sich lange erholen und sich teilweise sogar übergeben mussten oder ewig kreidebleich liegen blieben. Ich wurde schnell nach der Narkose und der Punktion wieder wach. Der Vorteil der schnellen Erholung war, dass ich mithören konnte, wie viele Eizellen den anderen Patientinnen entnommen werden konnten. Ich klopfte mir später auf die Schulter, denn mir konnten 16 entnommen werden. Nur eine der Damen war besser als ich, und zwar hatte diese 20 (!) Eizellen.

Das war mein persönlicher Wettbewerb, während ich im Aufwachraum lag. Natürlich wusste ich zu diesem Zeitpunkt noch nicht, wie viele mir entnommen worden waren, denn schließlich lag ich während der OP in Vollnarkose. Ich lauschte. Ich wollte besser sein als die anderen – das will ich immer.

Aber nicht verunsichern lassen, falls nicht so viele heranreifen: Ich habe eine Freundin, der nur eine einzige Eizelle entnommen werden konnte, und sie ist stolze Mutter eines sehr hübschen Kindes (natürlich nicht so hübsch wie mein Kind, ist ja klar).

Nach der Behandlung wird man nach Hause geschickt. Wie bereits erwähnt, benötigen Sie jemanden, der Sie nach Hause fährt. Bei mir war es mein Bruder, der auf mich wartete. Das war ehrlich gesagt ganz cool, denn mein Bruder hat nur Motorräder im Kopf und hat mich zuerst von einem Händler zum nächsten kutschiert (im Auto, nicht auf dem Motorrad) und mich dadurch auf vollkommen andere Gedanken gebracht.

Machen Sie das nicht, wenn Sie nicht sicher auf den Beinen sind. Wie gesagt, ich bin hart im Nehmen.

Dann folgt das Warten. Man ist zuhause, auf der Arbeit, beim Einkaufen oder sonst wo und kann nur daran denken: Tut sich was? Lassen sich die Eizellen befruchten? Entstehen überhaupt Embryos? Zumindest einer? Was, wenn sich nichts tut? Würde ich mir diese ganze Behandlung nochmals antun?. Ja! Eindeutig ja!

Dennoch, ich wünschte mir und hoffte, dass sich gleich bei diesem ersten Mal bereits etwas getan hatte. Es sind nur ein paar Tage des Wartens, aber diese Tage kommen einem unendlich vor.

Als ich endlich den erhofften Anruf erhielt, teilte man mir mit, dass sich mehrere Embryos gebildet hatten. Und nicht nur das: Es hatten sich so viele Embryos gebildet, dass ich sogar welche einfrieren lassen konnte (Das nennt sich Kryokonservierung. Kryokonservierung ist der Vorgang, bei dem Körperzellen in flüssigem Stickstoff einer Tiefgefrierung unterzogen werden. Die Konservierung kostet ca. 100 €–150 € für sechs Monate). Der Vorteil dessen war, dass ich mir eine weitere Behandlung ersparen konnte, sollte ich beim ersten Versuch nicht gleich schwanger werden. Davon ging ich eigentlich *nicht* aus, ich war zuversichtlich, dass beim ersten Mal gleich alles klappen würde. Es sollte jedoch anders kommen …

Übrigens, manchmal kann man sogar einen zusätzlichen Tag mit dem Transfer des Embryos (weitere Erklärung weiter unten) in die Gebärmutter abwarten. Das geschieht dann, wenn die Ärzte der Meinung sind, dass sich die Embryos außerhalb der Gebärmutter nochmals teilen könnten, wodurch sich die Chance auf eine Schwangerschaft sogar nochmal erhöht. Gleichzeitig kann es aber auch in die Hose gehen, und die Embryos (auch Oozyten genannt) sterben ab.

Aber keine Angst! Fakt ist, dass die behandelnden Ärzte so viel Erfahrung haben, dass man sich getrost auf ihre Meinung verlassen kann.

Dann kam endlich der langersehnte Tag: Der Tag, an dem die befruchteten Eier, also Oozyten, in meine Gebärmutter zurückwandern sollten.

Kurzer Exkurs vorab, etwas, das unbedingt erwähnt werden muss: Mein Mann und ich hatten uns dafür entschieden, gleich zwei Embryos einsetzten zu lassen, um unsere Chancen zu erhöhen. Uns war klar, dass daraus Zwillinge oder sogar Mehrlingsgeburten folgen könnten. Wir wünschten es uns sogar, denn dann hätten wir gleich mehrere Kinder. Ja, wir hofften von Anfang an, mehrere Kinder zu bekommen. Sie müssen sich also auch bewusst sein, dass Sie auch mit nur einem Embryo eventuell Zwillinge bekommen könnten.

Also, der Tag der Embryoübertragung verlief folgendermaßen:

Ich durchlief alle nur menschenmöglichen Gefühle: Spannung, Vorfreude, Erwartungen, Furcht, Zweifel, und das alles im Wechselmodus. Alle möglichen Gedanken schossen mir durch den Kopf: Was, wenn es doch nicht klappt? Wie geht es dann weiter? Doch dann beruhigte ich mich selbst und die positiven Gedanken vertrieben alle Selbstzweifel. Sachen wie: „Ich schaffe das schon, nicht umsonst bin ich so weit gekommen." Und am allerschönsten ist die Vorstellung: „Ja, ich werde bald Mutter!" Sätze wie dieser verdrängen alles Negative.

An diesem Tag sitzt außer einem selbst und der eventuellen Begleitperson niemand da. Die Prozedur spielt sich in vollkommener Abgeschiedenheit von anderen Patienten und mit der nötigen Privatsphäre ab. Das finde ich sehr gut. Man hat schon genug mit sich selbst zu tun, da braucht man keine anderen, unbekannten Gesichter in der Nähe. Alles ist genau getaktet und hilft ungemein dabei, keinen weiteren Stress aufzubauen.

Dann wird man endlich aufgerufen und in einen Behandlungsraum geführt. Auf einem großen Monitor, der vor einem aufgebaut ist, kann man die sich in einer Flüssigkeit leicht bewegenden Embryos bewundern und noch mehr positive Gefühle entwickeln. Das ist einfach zu schön!

Mit zittrigen Händen hatte ich es davor irgendwie geschafft, mich in das zur Verfügung gestellte Krankenhaushemd zu zwängen. Nicht einmal die Gedanken an den (zumindest für mein Empfinden) unangenehmen gynäkologischen Stuhl konnten mich noch abschrecken. Ich konnte es kaum erwarten ...

Die folgenden Prozesse kann man direkt mitverfolgen. Zuerst werden die Embryos mit Hilfe einer Pipette in einen durchsichtigen Schlauch, genannt Katheter (Anlage 10), gesogen. Um die Scheidewand nicht zu verletzen, ist dieser Schlauch sehr fein und aus einem sehr flexiblen Material hergestellt. Anschließend werden mit Hilfe des Katheters die Embryos in die Scheide eingeführt und direkt in die Gebärmutter gelegt, wo sie sich hoffentlich einnisten und zu gesunden Babys entwickeln werden.

Ich hatte erwartet, dass man sich anschließend hinlegen und schonen sollte wie bei der Eizellentnahme, damit die Embryos nicht wieder herausfallen.

Ja, wirklich, genau das hatte ich befürchtet. Natürlich ist es Schwachsinn! Denn wie sollten sie wieder herausfallen?

Aber nein, alles gut. Man sollte sich sogar ablenken, so gut es geht. Man sollte versuchen, dem normalen Leben nachzugehen. Und so gingen mein Mann und ich shoppen. Denn was kann eine Frau schon besser ablenken als Shopping? Vermutlich trifft es nicht auf alle Frauen zu, aber mir macht es unheimlich viel Freude, mir neue Sachen zu kaufen. Auch wenn Spontankäufe oft in die Hose gehen. Für den Moment taten sie aber ihre Wirkung. Zumindest etwas, denn der Kopf lässt sich nicht so leicht täuschen. Ich lief die ganze Zeit mit einem Schmunzeln durch die Gegend.

Die nächsten zwei Wochen waren schier unerträglich. Ich nahm brav die Folsäure und zusätzlich dazu das Progesteron (das hilft beim Einnisten des Embryos), das man mir auch noch aufgeschrieben hatte. Ich war versucht, einen dieser Clearblue-Schwangerschaftstests, die man bereits vor dem Ausbleiben der Periode verwenden kann, auszuprobieren, aber es wurde mir davon abgeraten, da das Ergebnis durch die hinter mir liegende Prozedur verfälscht werden konnte.

Man sollte sich bis zu dem Schwangerschaftstest in der Klinik gedulden, ein sicherer Test, der über die Blutabnahme erfolgt. Dabei wird der HCG-Wert („Humanes Choriongonadotropin", das ist ein Hormon, das bei Schwangerschaften gebildet wird) gemessen. Der HCG-Wert im Blut gibt an, ob man schwanger ist oder nicht. Um schwanger zu sein, muss dieser Wert ca. acht Tage nach der Befruchtung bei ca. 10 liegen.

Die ganze Zeit über versuchte ich, in meinen Körper hineinzuhorchen, ob sich etwas tun würde oder vielleicht sogar schon getan hatte. Ich interpretierte in jede kleine Veränderung an meinem Körper etwas hinein. Und ich machte meinen Mann vermutlich wahnsinnig, was er mit Bravour überstand und sich nie darüber beklagte. Danke, Schatz!
Ich nahm brav die empfohlenen Tabletten inklusive Folsäure, mit der ich davor schon begonnen hatte, ich ging zur Arbeit, ging

einkaufen, machte die Wäsche und kochte für uns, denn frisches Essen, vor allem Obst und Gemüse, sind entscheidend und vom ersten Augenblick an wichtig für die Entwicklung des Babys.

Das sollte man sowieso machen, wenn man vor hat, ein Kind zu bekommen. Aber das ist höchstwahrscheinlich sowieso allen werdenden Müttern klar. Außerdem: Wasser trinken! Viel Wasser, vor allem, wenn man eine Behandlung mit Hormonen hinter sich hat.

Und dann durfte ich endlich in der Früh den Schwangerschaftstest über die Blutentnahme machen. Und er war *positiv*! Diese Mitteilung erhielt ich über das Portal der Klinik. Ich tippte meinen erhaltenen Code (eine Sicherheitsmaßnahme, um keinen Namen nennen zu müssen) ein, und da stand es schwarz auf weiß: Ich war schwanger!

Ich konnte es nicht fassen! Es hatte funktioniert! Ich war wie in Trance. Ich erzählte es jedem, auch vollkommen uninteressierten Menschen auf der Straße oder im Café, als wollte ich sie alle fragen: „Was? Sieht man das noch nicht?" Ich erntete meistens nur Kopfschütteln. Aber das war mir egal, denn ich wollte es in die Welt hinausschreien. Ja, ich bin impulsiv, und das war eine riesige Freude, die aus mir raus wollte.

Es folgten regelmäßige Kontrollen beim normalen Frauenarzt und das Aushändigen des Mutterpasses. Da war ich richtig stolz darauf.

Drei Wochen später zogen mein Mann und ich in eine andere Stadt, und ich ging zu einer Frauenärztin gleich bei uns in der Nähe. Das war praktisch. Bei diesen Kontrollen wird der HCG-Wert gemessen, der sich pro Schwangerschaftswoche verdoppeln sollte. Anhand des HCG-Wertes kann man einerseits erkennen, ob eine Schwangerschaft eingetreten ist. Der Wert gibt aber auch einen Hinweis darauf, ob die Schwangerschaft einen normalen

Verlauf aufweist. Und das tat sie. Der Wert stieg schön an – zumindest anfänglich. Dann sollte der Herzschlag zu hören sein.

Aber bei mir tat sich nichts.

Der HCG-Wert stieg zwar weiterhin an, aber nicht annähernd ausreichend. Ich sollte daher alle drei Tage zur Kontrolle kommen, nicht nur noch wöchentlich. Stress pur!

Eines Tages saß ich wieder im Wartezimmer. Mir wurde Blut abgenommen, und dann sollte ich noch kurz warten – dasselbe Prozedere wie die anderen Male zuvor. Also wartete ich geduldig. Nach mir kamen und gingen Damen, nur ich wurde nicht wieder aufgerufen. Ich wurde richtig wütend. „Bin ich etwa durchsichtig?", fragte ich mich …

Ich wartete drei (!!!) Stunden mit einem mulmigen Gefühl im Bauch. Irgendwann wurde aus der Wut nur noch Verzweiflung. Die Assistentin war schon längst heimgegangen, und ich hatte Hunger und saß allein da. Keine Menschenseele mehr da, und ich zitterte vor Angst. Irgendwie ahnte ich es aber schon …

Letztendlich rief mich die Frauenärztin herein und teilte mir richtig herzlos mit, dass mein HCG-Wert erneut nicht genug angestiegen war (dieser sollte sich, wie bereits erwähnt, unter normalen Umständen pro Schwangerschaftswoche verdoppeln).

Ich sagte, dass wir vielleicht noch etwas warten sollten, es würde sich sicherlich noch etwas tun. Aber sie verneinte.

Und dann die Hiobsbotschaft: Mein Baby war nicht lebensfähig und das Herz würde niemals schlagen, denn auch wenn ich noch etwas warten sollte,, würde der HCG-Wert niemals genug ansteigen, um eine weitere gesunde Entwicklung zu bestätigen … Der Fötus würde sich nicht richtig entwickeln, selbst wenn das Herz zu schlagen anfangen würde.

Sie zeigte mir auf dem Ultraschall, dass die Fruchtblase so-gar angefangen hatte, ihre schöne rundliche Form zu verlieren. Alles deutete darauf hin, dass ich diesen Kampf verloren hatte. Aber ich wollte es nicht widerstandslos hinnehmen.

Und natürlich habe ich es so nicht hingenommen und habe für den nächsten Tag einen Termin bei einem anderen Frauenarzt vereinbart, der auch keine bessere Nachricht für mich hatte. Im Gegenteil, er teilte mir mit, dass, sollte es nicht zu einer Fehlgeburt auf natürliche Art und Weise kommen, ich sogar eine Ausschabung benötigen würde.

Ich war am Boden zerstört, musste aber weiterhin funktionieren. Ich brauchte schließlich meine Arbeit und ich konnte nur mit meinem Mann und meinen Eltern darüber reden. Meine Eltern versuchten, mir Mut zu machen, vor allem mein Vater, der immer alles positiv sieht. Aber nichts nützte. Ich hatte mich so nah am Ziel gesehen, und dann in der neunten Woche sollte schon wieder Schluss sein? Ich fing an, mir Selbstvorwürfe zu machen. Was hatte ich falsch gemacht? Wieso passierte es mir?

Ich rief meine Eltern immer wieder an, aber nicht mal sie konnten mich noch trösten.

Lassen Sie das bleiben! Machen Sie sich ja keine Vorwürfe! Das ist manchmal der Lauf der Natur. Manchmal soll es noch nicht sein! Und wenn sich ein Embryo nicht weiterentwickelt, dann hat es sicherlich einen Sinn. Denn die Entwicklung der Menschheit hat sich ganz sicher was dabei gedacht, als sie diesen Mechanismus kreiert hat.

Aber das wollte ich damals nicht sehen und ich durchlitt die Hölle!

In den nächsten Tagen tat sich leider nichts, keine Blutungen und kein Herzschlag. Also wurde das Etwas, das mir zuerst so viel Freude bereitet und anschließend das Herz gebrochen hatte, unter Vollnarkose ausgeschabt. Was für ein hässliches Wort: **Ausschabung ...**

Was passiert dabei? Unter Vollnarkose wird die Gebärmutter von der misslungenen Schwangerschaft gereinigt, um Komplikationen wie Fieber und starke Blutungen zu vermeiden.

Danach ging es mir richtig schlecht, zunächst psychisch und nur ein paar Tage später auch physisch. Denn ich hatte Komplikationen: Blut hatte sich in meiner Gebärmutter angesammelt, und ich musste eine Woche später nochmals ausgeschabt werden. Als wäre es beim ersten Mal nicht schon schlimm genug gewesen!

Es war so, als hätte mir mein Körper sagen wollen: „Akzeptier es doch endlich, das Baby ist weg!" Und ich hatte es endlich verstanden, nicht nur mein Körper, sondern auch mein Kopf, also versuchte ich mich wieder aufzurappeln.

Und ich fing wieder an zu funktionieren – *nur* zu funktionieren. Denn innerlich war ich gebrochen. Aber ich bin ein Stehaufmännchen und rief mir vor Augen, dass ich eine weitere Chance hatte. Und zwar konnten wir die eingefrorenen Embryos einsetzen lassen, wodurch ich mir das ganze Prozedere mit Nasenspray, Spritzen, Vollnarkose und Abwarten auf die Bildung von Embryos sparen würde.

Ich ließ ein paar Wochen verstreichen und fühlte mich stark genug, um es nochmals zu versuchen.

Ich war mir sicher, da es beim ersten Mal mit dem Einnisten so reibungslos geklappt hatte, würde es dieses Mal auch so sein, und ich würde eine neue Chance bekommen. Wobei ich sagen muss, dass sich andauernd diese negativen Gedanken dazwischenschoben und ich stark zweifelte.

Ich telefonierte mit der Klinik, und die Dinge nahmen erneut ihren Lauf. Als die Embryos eingesetzt wurden, ging ich dieses Mal nicht mehr shoppen, sondern einfach nach Hause.

Das ewige Warten ging wieder von vorne los. Das Achten auf jede Änderung am eigenen Körper. Erst fühlte nichts, dann meinte ich, doch etwas zu fühlen. Ein Wechselbad der Gefühle war nichts gegen meine Stimmungsschwankungen: einmal himmelhoch jauchzend und im nächsten Moment zutiefst betrübt. Nach außen hin durfte ich mir aber keine Blöße geben. Ich musste arbeiten, in Meetings gehen, neue Themen behandeln und den Kopf bei der Sache haben – bis zu diesem gewissen Anruf. Ich saß mal wieder in einem Meeting, als er kam. Ich ging kurz raus aus dem Raum, lauschte der Stimme am anderen Ende und bekam eine schlechte Nachricht.

Zurück ins Meeting und weitermachen!

Innerlich aber war ich tot!

Langsam fing auch die Fassade meiner perfekten Welt zu bröckeln an. Nach der Arbeit rief ich mal wieder enttäuscht meine Eltern an, die mir die positive Art und Weise, die Welt zu sehen und immer weiter zu hoffen, zum Glück schon mit in die Wiege gelegt hatten. Allen voran: mein Papa!

Also erneut Enttäuschung! Aber ich gab nicht auf! Ich gebe niemals auf! Ich versuche es immer weiter!

Einen positiven Aspekt hatte diese Erfahrung dennoch, so makaber es auch klingen mag (das ist mal wieder meine optimistische Einstellung), denn wenn man beim ersten Mal schwanger wird, bekommt man wie oben bereits erwähnt eine weitere IVF-Behandlung von der Krankenkasse finanziert,.

Man muss nur das nötige Nervenkostüm haben.

Da sich niemand erklären konnte, woran es lag, dass ich nicht schwanger wurde und weshalb es Komplikationen gegeben hatte, folgten weitere Untersuchungen, allerdings unter Vollnarkose.

Dazu zählte die Laparoskopie, auch Bauchspiegelung genannt. Dabei werden über den Bauchnabel und einen kleinen seitlichen Einschnitt die inneren Organe untersucht. Das Gute dabei ist, dass man kaum Narben davonträgt, abgesehen von einem kleinen Einstich.

Eine weitere Untersuchung, die mir nicht erspart blieb und auch unter Vollnarkose durchgeführt wurde, ist die Hysterosalpingographie. Dabei wurde meine Gebärmutter mit Hilfe eines Kontrastmittels untersucht. Glücklicherweise ließ ich es machen, denn bei mir wurde eine Zyste gefunden und im Rahmen dieser Untersuchung auch direkt entfernt. Das ist auch gut so, denn selbst noch so kleine Zysten können das Einnisten der Embryos verhindern.

Aber abgesehen davon wurde im Großen und Ganzen nichts weiteres gefunden.

Ich ließ anschließend noch ein paar Wochen verstreichen, um meiner Seele Raum und noch mehr Zeit zum Heilen zu geben. Der Körper dagegen hatte sich schnell wieder erholt.

Danke, Körper, und danke, Gebärmutter, für alles, was ich euch zugemutet habe, und dafür, dass ihr dennoch weiterhin so gut funktioniert!

Das Schlimmste nach einer Fehlgeburt ist die Tatsache, dass man plötzlich überall nur noch schwangere Frauen sieht. Egal wo man hinschaut: Schwangere Bäuche! Und die Seele leidet …

Wohin auch immer man geht, hört man, wie sich Frauen über Schwangerschaften unterhalten. Am schlimmsten ist es, wenn man mitbekommt, dass jemand ungewollt schwanger geworden ist. Und selbst versucht man es Jahre lang und es tut sich nichts oder, wie bei mir, es entwickelt sich nicht richtig.

Damals, aber selbst heute noch, empfand und empfinde ich es als so unfair. Wieso nur? Wieso gerade ich? Keine Ahnung! Wieso fällt es manchen so leicht und anderen so schwer, schwanger zu werden?

Und das, was man spürt, ist auf einmal ganz einfach Neid. Neid darauf, dass die anderen schwanger sind und ich nicht. Neid darauf, dass sie sich diese ganzen Prozeduren ersparen konnten. Neid auf das, was sie bald haben werden und ich noch nicht.

Ja, lassen Sie Neid zu, denn so entspannt sich der Körper. Sie haben ein Ventil, um die angestaute Wut loszuwerden.

Und trotz Neid, oder vielleicht gerade deshalb, habe ich nicht aufgegeben. Und Sie sollten das auch nicht tun!

Es folgte eine weitere IVF-Behandlung. Dieses Mal in einer anderen Kinderwunschklinik, denn wir waren, wie bereits erwähnt, in eine andere Stadt gezogen. Wieder Hormone, Spritzen, Medikamente und Untersuchungen. Und es folgte das Warten.
Dieses Mal hatte sich nichts getan. *Gar nichts*! Ich gab nicht auf.

Bei der nächsten Besprechung mit der Ärztin nach dem nicht erfolgten Einnisten, starrte sie mich eindringlich an. Sie teilte mir mit, dass sie nicht verstehen konnte, wieso es nicht funktioniert hatte.

Dann fragte sie mich, ob ich auch wirklich ausreichend Wasser getrunken hatte (denn, wie bereits erwähnt, die ganzen zugefügten Hormone müssen ausgespült werden). Als sie das fragte, hatte ich das Gefühl, dass sie meine Seele durchleuchtete, dass sie mich erwischt hatte, denn ich hatte tatsächlich gelogen bzgl. der Wassermenge, die ich getrunken hatte. Ich hatte nicht wirklich darauf geachtet, aber das hatte ich beim ersten Mal auch nicht und wurde dennoch schwanger, versuchte ich mir einzureden. Ich fühlte mich schuldig. Kein Wunder, dass sich mein Körper nicht wohlfühlte. Und wenn sich der Körper nicht ganz wohlfühlt, kann er auch keine Schwangerschaft auf sich nehmen.
Also viel Wasser trinken, aber nicht übertreiben, sonst spülen Sie zu viel Salz aus dem Körper heraus und das ist auch nicht gut für Ihre Gesundheit. Daher die empfohlene Menge beachten und befolgen.

Dann hörte ich von einer Klinik im Ausland, die unglaubliche Resultate vorweisen konnte. Natürlich meldete ich mich dort sofort an und traf alle nötigen Vorbereitungen. Mein Mann und ich nahmen Urlaub und flogen hin.

Es folgten lange, lange Wartezeiten, denn im Gegensatz zu den genau terminierten Besprechungen und Untersuchungen, die ich gewohnt war, saßen dort viele Pärchen herum und warteten einfach. Man bekam eine Nummer zugewiesen und wurde ein Paar nach dem anderen aufgerufen. Wir warteten bis zu fünf (!!!) Stunden pro Tag. Dann erhielt ich eine lange Liste mit Medikamenten, die besorgt werden sollten. Obwohl diese nicht so teuer waren wie in Deutschland, kam eine ganze Menge zusammen, denn wir mussten sie selbst bezahlen. Zusätzlich dazu sind auch noch die Kosten für die Behandlung vor Ort plus Übernachtung und Flug zu bezahlen. Dann flogen wir heim und starteten mal wieder von vorne.

Die Behandlung verlief etwas anders, als ich es bereits erlebt hatte, und statt der gewohnten *einen* Spritze am Tag hatte ich jetzt *sechs*! Das empfand ich als so schlimm, dass ich teilweise ganz einfach die Nadel stecken ließ und die nächste Spritze darauf steckte. Dennoch, ich hätte noch mehr ertragen, nur um endlich schwanger zu werden!

Eizellen reiften heran, wir flogen wieder zur Klinik, es wurden mir wieder 15 Eizellen entnommen, und im Gegensatz zu Deutschland durften dort sogar zum gegebenen Zeitpunkt *drei* Embryos eingesetzt werden. Natürlich wurden wir auch dort über die Folgen von Mehrlingsgeburten und Komplikationen, vor allem in meinem Alter, aufgeklärt. Ich war bereit für alles. Kopf hoch und durch! Oder vielleicht sollte ich sagen: mit dem Kopf durch die Wand, so wie ich es immer mache.

Ich bekam dort präventiv ein Antibiotikum – an den Grund dafür kann ich mich bei bestem Willen nicht erinnern –, das bei mir Jucken im Intimbereich auslöste, und musste am selben Tag wieder in die Klinik und stundenlang warten, um etwas gegen das Jucken und Brennen zu erhalten.

Was ich nicht gut fand, war, dass dieses Problem offensichtlich bekannt war. Warum wurde es mir dann nicht von vornherein erklärt oder noch besser gleich ein Gegenmittel mitgegeben? Ich habe nicht gefragt. Dieses Mal nur, weil ich Angst hatte, hier nicht mehr behandelt zu werden, sollte ich zu frech sein. Die Ärzte in dieser Klinik hatten so viel zu tun, dass ich mir dachte, dass es ihnen auf eine Patientin mehr oder weniger sowieso nicht ankam. Wir warteten die nächsten Tage gleich vor Ort, um meinen Körper zu schonen. Und dann folgte der Tag der Blutabnahme.

Und es hatte sich wieder nichts getan. Sechs Spritzen am Tag für nichts! Qualen und Vollnarkose und Jucken, und alles war vergebens gewesen. Dabei hatte alles so vielversprechend geklungen!

Als mich die Ärztin davon in Kenntnis setzte, schaute sie mich so ungläubig an, als ob sie es nicht fassen konnte, dass ich nicht schwanger geworden war. Wieder dieser durchdringende Blick wie bei der Ärztin zuvor, aber dieses Mal hatte ich brav alle Anweisungen befolgt.

Jahre später erfuhren wir, warum diese Ärztin sich dermaßen gewundert hatte: Die Klinik wurde geschlossen, denn anscheinend wurden Fremdeizellen verwendet, um die Chancen auf Schwangerschaften zu erhöhen. Stellen Sie sich das vor! Es ist eine Sache, ob man sich selbst für eine Fremdeizelle entscheidet und eine vollkommen andere, wenn Sie feststellen, dass Ihr Baby gar nicht von Ihnen ist. Da hatte ich wohl Glück gehabt!

Kein Wunder, dass mich die Ärztin damals so verwundert und komisch angeschaut hatte. Wahrscheinlich war ich eine der wenigen, die von ihrer invasiven und gefälschten Behandlung nicht schwanger wurde.

Zwischenzeitlich war ich bereits 37 Jahre alt und wir zogen nach Frankreich. Da weder mein Mann noch ich zum Zeitpunkt unseres Umzugs Französischkenntnisse hatten, wurde ich von der Arbeit meines Mannes zu deutschsprachigen Ärzten geschickt. Ich erhielt eine Liste mit all den Namen.

Also sollte ich wieder von vorne beginnen. Und das tat ich.

Ich ging zum empfohlenen Gynäkologen und erzählte ihm von meinem langen Leidensweg. Ich hatte natürlich alle Mappen und Ergebnisse mitgebracht. Alle! Von der Fehlgeburt, bis hin zu den zusätzlichen OPs wie Laparoskopie oder Hysterosalpingographie.

Er nahm sich für mich alle Zeit der Welt, wofür ich ihm noch heute sehr dankbar bin, denn das gab mir wieder ein gutes Gefühl. Er war ganz einfach jemand, der mir nicht nur die nötige Zeit schenkte, sondern an den ich auch alle Fragen richten konnte. Er strahlte eine solche Ruhe aus, dass ich mich alles traute. Und da ich mich so sicher fühlte, so wohl, stellte ich jede erdenkliche Frage. Ich erkundete jede Unklarheit, auch die früherer Behandlungen, und erhielt zu allem eine Antwort –und zwar so, dass ich es auch verstehen konnte.

Vielleicht liegt es auch am Klima, denn die Menschen in Südfrankreich scheinen immer gut gelaunt zu sein und es niemals eilig zu haben, im Gegensatz zu uns gestressten Deutschen. Und so hatte wohl das Leben in Frankreich auch auf meinen Arzt abgefärbt, und er hatte eben diese Ruhe und unerschöpfliche Freundlichkeit, die den Menschen im Süden so eigen ist.

Nachdem er sich alles angeschaut und sich mit mir unterhalten hatte, meinte er, er würde nicht verstehen, wieso man bei mir direkt mit IVF begonnen hätte. Es gäbe weniger beschwerliche Therapien und Behandlungsmöglichkeiten, die für mich in Frage kämen. Dafür hätte ich ihn umarmen können.

Er schlug etwas anderes vor, und zwar Insemination. Wieder ein neuer Begriff, wieder eine neue Behandlung. Und ich dachte nur: Okay, wann können wir starten? Nun ist es aber leider so, dass sich die Mühlen in Frankreich etwas langsamer drehen als in Deutschland. Wie gesagt, die südliche Gemütlichkeit ...

Also musste ich zuerst einen Antrag stellen. Als dieser genehmigt wurde, musste ich diesen beim Arzt und beim Labor einreichen und warten, dass ich die einzelnen Termine zugeteilt bekam; für den Arzt und das Labor.

Was ist eigentlich Insemination? Das ist ein Verfahren, bei dem die Frau nur Folsäure einnehmen muss. Keine Hormone und keine Spritzen! Der genaue Zyklusablauf wird aber auch hier kontrolliert. Es werden aber keine zusätzlichen Medikamente oder, wie gesagt, keine Hormone benötigt. Also ein nur wenig invasives Verfahren, aber dennoch mit viel Stress verbunden.

Wichtig dabei ist die Rolle des Mannes, der etwa zum Zeitpunkt des Eisprungs ein Samengläschen abgibt, das sofort bearbeitet wird. Das muss der Mann in einem dieser Labore erledigen und die Gesellschaft der eigenen Frau ist dabei sogar erwünscht ...

Die Spermien werden dann direkt im Labor behandelt, zu dem Zweck, ihre Geschwindigkeit sogar nochmal zu erhöhen. Und wie wird ihre Geschwindigkeit erhöht? Sie werden mit einer speziellen Flüssigkeit zentrifugiert (also geschleudert, wie in der Waschmaschine). Ich wartete also eine Zeitlang im Wartezimmer, während mein Mann wieder zur Arbeit fuhr. Anschließend wurden mir die behandelten Spermien in einem Behälter ausgehändigt.

Man hat anschließend ca. 30 Minuten Zeit, um vom Labor zur Frauenarztpraxis zu fahren, um sich die behandelten Spermien mit Hilfe eines Katheters direkt in die Gebärmutter einführen zu lassen, wo sie hoffentlich mit dem gereiften Ei zusammenfinden werden und ein Embryo entstehen kann.

Wie bereits erwähnt wurden die Spermien in einem Labor bearbeitet, während die Behandlung beim Frauenarzt stattfand, also leider nicht alles an einem Ort.

Irrsinnig gestresst, aber gleichzeitig voller Hoffnung, fuhr ich dann zum Arzt.

Während der ganzen Fahrt hielt ich den in meiner Jacke eingewickelten Behälter an die Brust gepresst, aus Angst, er könne die lange Fahrt nicht überleben und fuhr meistens nur einhändig. Wie oft hatte ich mit einem Strafzettel gerechnet aufgrund der hohen Geschwindigkeit, mit der ich durch die Stadt raste? Ich frage mich im Nachhinein, ob dieser Stress nicht auch verhinderte, dass ich schwanger wurde. Denn selbst nach der siebten Insemination sollte sich kein Embryo bilden.

Die Wahrheit ist aber, dass meine Eileiter zu diesem Zeitpunkt verstopft waren, weshalb natürlich kein Ei den Weg in die Gebärmutter angetreten hatte. Dass die Eileiter verstopft waren, erfuhr ich leider erst später. Ich hatte blöderweise komplett verdrängt, dass ich mal eine Chlamydien-Infektion hatte … und um die Wahrheit zu sagen, hatte ich auch gar nicht angenommen, dass meine Eileiter bereits verstopft sein könnten. Ich war davon ausgegangen, dass die Behandlung noch rechtzeitig erfolgt sei. Offensichtlich nicht! Also falls Sie sich mal eine Chlamydien-Infektion zugezogen haben sollten, lassen Sie unbedingt prüfen, ob Ihre Eileiter noch durchgängig sind!

Mir tat mein Mann allmählich auch leid. Denn er unterstützte mich in allem. Und er versuchte, in seinem Leben Platz für die Arbeit und für diese ganzen Behandlungen zu schaffen. Ich hatte mittlerweile glücklicherweise auch eine sehr flexible Arbeitsstelle und konnte mir die Arbeitsstunden recht leicht um die ganzen Behandlungen herum einteilen.

Es macht meiner Meinung nach einen großen Unterschied, ob sich eine Frau oder ein Mann ein Kind wünscht. Eine Frau denkt mehr mit dem Herzen, wogegen der Mann eher rational handelt. Und dennoch war mein Mann immer dabei. Und nicht nur das! Er hörte sich sogar im Bekanntenkreis um, und siehe da, auf einmal waren auch andere davon betroffen. Nur hatte niemand das Problem von sich aus zur Sprache gebracht.

Dann erfuhren wir von einem ehemaligen Studienkollegen meines Mannes, dass er und seine Frau es beinahe zehn Jahre lang versucht hatten, bis sie von einem Arzt aus dem Ausland hörten. Ich wusste, dass sie eine zweijährige Tochter hatten, also dachte ich mir, nichts wie hin.

Sofort war ich wieder Herz und Flamme dafür. Und mein Mann war wieder für mich da.

Dieses Mal flogen nur meine Mutter und ich dorthin. Mein Mann wurde nicht benötigt, denn hier wurden in erster Linie Frauenprobleme behandelt. Denn wie wir wussten, hatte mein Mann sicherlich keine gesundheitlichen Einschränkungen. Also konnte nur ich allein der Grund allen Übels sein.

Die Behandlung hier erfolgt mit Hilfe von Erde aus dem Schwarzen Meer, falls nicht weitere Beschwerden die Bereitschaft des Körpers zum Schwangerwerden erschweren.

Glücklicherweise wurde für uns alles minutiös organisiert. Am Flughafen wurden meine Mutter und ich mit einem Paneel abgeholt. Von dort aus wurden wir mit einem Taxi zur nächsten Station kutschiert, eine Stunde und zwanzig Minuten vom Flughafen entfernt.

Zum Glück mussten wir uns um nichts kümmern. Denn weder der Taxifahrer noch wir beide sprachen die Landessprache. Leider beherrschte der Fahrer auch nur gebrochenes Englisch, was uns teilweise etwas Angst machte. Wir verließen uns auf jemanden, den wir nicht kannten, in einem Land, dessen Sprache wir nicht sprachen, und fuhren ewig durch die Gegend und wussten nicht wohin. Das Handy funktionierte damals nur bedingt und die Verbindung brach ständig ab.

Ich muss dazu sagen, dass es bei der vorherigen Behandlung im Ausland anders abgelaufen war, denn damals fuhren wir direkt vom Flughafen aus mit einem Taxi, das wir vor Ort bestellt hatten, zu einem Hotel in der Nähe der Klinik. Außerdem war es dort einfacher gewesen, denn wie es schien, sprach jeder Mensch Englisch. Und das auch noch akzentfrei! Und nicht zu vergessen, da war mein Mann dabei. Dank ihm war es ein anderes Gefühl, ein Gefühl der Sicherheit.

Nun, wie gesagt saßen wir zwei Frauen in einem Taxi irgendwo in der Walachei und fragten uns, ob alles klappen würde. Und siehe da, der Mann fuhr uns zu einer Dame, die bereits auf uns wartete. Er nahm nur das vereinbarte Geld entgegen und wollte nicht mal Trinkgeld haben. Was für ein Service! So eine lange Fahrt und nicht einen Cent mehr zu erwarten. Hut ab!

Also da waren wir. Bei einer netten Dame im fünften Stock, ohne Aufzug (der war die ganze Zeit unseres Aufenthalts über defekt), untergebracht, die ebenfalls keine Fremdsprache beherrschte, uns aber mit einem Topf voll Essen und weiteren Leckereien in Empfang nahm. Das war so lieb! Und genauso lieb und nett blieb unser gesamter Aufenthalt hier.

Die Dame hatte ein Zimmer in ihrer eigenen kleinen Wohnung fur uns frei gemacht. Es war einfach eingerichtet, mit Bett und frisch bezogenen Wolldecken und daneben noch einem Nachttisch mit Lampe – mehr nicht. Dennoch vollkommen ausreichend und vor allem einladend. So nett, völlig fremde Menschen bei sich aufzunehmen! Meine Mutter und ich hatten also ein Zimmer zusammen. Die Wohnung war klein, aber so sauber, dass man vom Boden hätte essen können.

Meine Mutter legt extremen Wert auf Sauberkeit und ist der Meinung, dass im Vergleich zu ihr niemand richtig sauber machen kann, aber hier hatte selbst sie nichts zu meckern. Alles war picobello sauber.

Freundinnen der Gastgeberin kamen an dem Abend vorbei. Sie umarmten uns und gaben uns das Gefühl, willkommen zu sein. Die Sprachbarriere war zwar immer noch da, aber die Stimmung war herzlich warm, im Gegensatz zum nicht vorhandenen warmen Wasser. Ich musste jeden Morgen kalt duschen. Ohne Dusche verlasse ich nicht das Haus, das ist so eine Marotte von mir. Ich würde nicht einmal bis zum Briefkasten gehen, ohne vorher geduscht zu haben. Zum Glück war es warm draußen und ich war sowieso aufgeregt, da störte das kalte Wasser auch nicht mehr.

Am nächsten Morgen kam dann auch eine Dolmetscherin vorbei, um uns abzuholen und mit uns in die Klinik zu fahren.

Organisiert hatte das alles für uns die Frau des ehemaligen Kommilitonen meines Mannes. Unglaublich! Das hatte sie getan, weil sie genau wusste, wie schlimm es ist, wenn man sich ein Kind wünscht und jahrelang erfolglos daraufhin arbeitet.

Wir gingen eine kurze Strecke zu Fuß, stiegen in die Trambahn ein und fuhren ein Stück damit. Obwohl diese gerammelt voll war und wir heißes Sommerwetter hatten, roch hier niemand nach Schweiß. Das, wie gesagt, obwohl es frühmorgens gar kein warmes Wasser gab. Es war schön, mit den Einheimischen zu fahren, sie zu beobachten und an andere Sachen zu denken. Dann mussten wir in einen ebenfalls gerammelt vollen Linienbus umsteigen, und nach ca. weiteren zehn Minuten Fahrt stiegen wir letztendlich aus.
Wir gingen noch ein paar Meter weiter und fanden den Eingang zur Klinik. Während der langen Fahrt erzählte uns die Dolmetscherin, dass auch sie acht Jahre lang versucht hatte, schwanger zu werden. Dann war auch sie zu diesem Arzt gegangen und ... kabumm! Sie hatte zu diesem Zeitpunkt einen vierjährigen Sohn. Ich hatte endlich das Gefühl, nicht mehr allein zu kämpfen; das Gefühl, verstanden zu werden.

In der Klinik mussten wir nur kurz warten. Es war ein langer Gang in einem blitzblank sauberen Gebäude. Von außen her etwas heruntergekommen, aber innen alles top!

Ich wurde aufgerufen und hatte hier das Glück, dass der Arzt Französisch sprach, denn er hatte Jahre zuvor in Algerien gearbeitet.

Exkurs: Algerien war früher eine französische Kolonie, daher wird in Algerien Französisch gesprochen.

Somit brauchte ich die Dolmetscherin im Behandlungsraum nicht, was mir ehrlich gesagt schon recht war. Er untersuchte mich und sagte, dass ich eine Entzündung hätte, die zuerst behandelt werden müsse, bevor er mich überhaupt weiter behandeln könne – was er aber nicht versprach. Er sagte, er müsse anschließend schauen, ob sich etwas machen ließe. Er entließ mich mit einem Rezept und herabhängenden Schultern.

Wir fuhren nach Hause und machten mehrere Stopps unterwegs. Erstens: Wir hatten kein Geld in der einheimischen Währung, um die Medikamente zu bezahlen. Es wurde uns geraten, vor Ort zu wechseln, da der Kurs besser wäre. Und das stimmte! Also tauschten wir Geld ein, gingen in eine Apotheke, holten die benötigten Sachen, nachdem unsere Dolmetscherin der Apothekerin wohl einiges zu erklären hatte, und gingen zum nächsten Stopp.

Wir mussten uns Essen besorgen, denn wir konnten nicht die ganze Zeit den Proviant unserer Gastgeberin wegfuttern, und so landeten wir auf einem Basar oder Markt! Ein Traum für mich, denn es lenkte mich ab. Und nicht nur das! Er war in Gehweite unserer Wohnung, also schleppte ich meine Mutter täglich dorthin, sodass wir frisches Essen bekamen und lauter unnötiges Zeug kauften ... und ausreichend Sport trieben dank der fünf Stockwerke, die wir zu Fuß bewältigen mussten.

Am selben Tag buchten wir sicherheitshalber unsere Flüge um, für den Fall, dass man mir doch nicht helfen konnte. Ursprünglich hatten wir zwei Wochen eingeplant, aber der Arzt hatte mir wenig Hoffnung gemacht und wir wollten sicher sein, dass wir noch einen Flug erwischten.

Bei uns war es etwas kompliziert, denn wir mussten zuerst in Deutschland landen, wo meine Mutter zuhause ist, und ich flog weiter nach Frankreich. Von dort aus gab es sowieso keine direkten Flüge, also hätte ich eh keine andere Wahl gehabt, als auch über Deutschland und anschließend nach Frankreich zu fliegen.

Drei Tage später sollte ich wieder in die Klinik. Und siehe da, der Arzt meinte, alles sei jetzt gut und wir könnten mit seiner Behandlung loslegen. Also buchten wir die Flüge erneut um. Wir hatten sowieso nicht viel zu tun. Denn Fernsehen war hier leider nur zu dritt auf der Couch möglich. Und die Sprache verstanden wir auch nicht!

Ansonsten hatten meine Mutter und ich DVDs geschaut. Wir hatten in weiser Voraussicht einen DVD-Player und massenweise DVDs mitgenommen, denn hier gab es kein Internet, und das Fernsehen, zusammen mit unserer Gastgeberin, hätte uns auch nicht viel gebracht (aufgrund der Sprachbarriere). Sonst blieb nur noch das Einkaufen. Geld tauschen und wieder shoppen – das ist meine Welt, um mich abzulenken.

Jeden Tag begleitete uns unsere Dolmetscherin in die Klinik, wartete mit uns zusammen und begleitete uns wieder nach Hause.

An einem dieser Tage musste ich erneut in die Apotheke, denn mir sollte ein Kontrastmittel gespritzt werden, um die Durchgängigkeit der Eileiter zu testen. Das ist etwas, das vorher nicht getestet wurde. Ich habe weiter oben erwähnt, dass leider nicht alles untersucht wurde, weder im Rahmen der IVF-Behandlungen, noch als ich die unzähligen Inseminationen hatte. Das wurde aber hier nachgeholt. Denn auch zu diesem Arzt hatte ich meine ganzen Unterlagen mitgeschleppt. Mittlerweile konnte man das Gewicht der Unterlagen bereits in Tonnen angeben.

Und siehe da: Das Kontrastmittel zeigte deutlich, dass meine Eileiter verstopft waren. Das war nämlich die Folge dieser nicht rechtzeitig behandelten Chlamydien-Infektion, die ich bereits erwähnt habe. Und wenn die Eileiter verstopft sind, kann man auf natürliche Art und Weise sowieso nicht schwanger werden und auch nicht per Insemination.

Warum hatte darauf keiner vorher getestet und die Möglichkeit nicht mal erwähnt, fragte ich mich? Ich hätte womöglich schon längst schwanger sein können. Ohne all die Hormonpräparate und ohne all diese OPs unter Vollnarkose.

Aber wie gesagt hängen so viele Faktoren zusammen, und vermutlich wollte einfach nur jeder auf seine Art und Weise helfen, damit wir so schnell wie möglich ans Ziel kommen.

Ich weiß nicht … Vielleicht hielt man meine Chancen auf eine Schwangerschaft aufgrund meines Alters für wenig aussichtsreich und hatte sich daher direkt für die IVF-Behandlung entschieden. Wahrscheinlich hatte jeder Arzt auf seine Art und Weise recht gehabt. Nur leider hatte es mir noch nichts gebracht.

Übrigens, im Laufe all dieser Behandlungen wurde ich **dreizehn** Male unter Vollnarkose gesetzt.

Aber zurück zur Behandlung. Als klar stand, dass meine Eileiter verstopft sind, wurden diese ohne örtliche Betäubung freigelegt. Das war eine ziemlich schmerzhafte Erfahrung, aber mein Körper hatte in den Jahren davor bereits genügend chemische und andere Behandlungen ertragen müssen. Also ertrug ich es mit Bravour.

Diese Behandlung verlief folgendermaßen: Es wurde jeweils eine Sonde mit Kochsalzlösung durch die Gebärmutter zu den Eileitern geführt. Alle paar Minuten wurde mit Hilfe einer Spritze, die an den Enden der Sonden angebracht war, Flüssigkeit hineinbefördert. Dabei entsteht ein starker Überdruck, in etwa so, als würde man einen neuen Luftballon aufblasen, nur dass es sich dabei um meine Eileiter handelte. Dieser Druck blähte meine Eileiter frei. Der Prozess war schmerzhaft, aber ich weinte nicht. Ich stellte mir nur vor, wie einfach es mir anschließend fallen würde, schwanger zu werden.

Während der Behandlung schickte meine Mutter immer wieder die Dolmetscherin zu mir herein, um den Arzt zu fragen, ob alles stimmte, und um sich zu erkundigen, wie es mir ginge. Verständlich, denn die Prozedur dauerte ewig. Ich glaube, dass meine Mutter dort mehr gelitten hat als ich, da sie wusste, dass ich litt, und mir nicht helfen konnte. Sie saß allein in diesem langen Gang und wartete.

Das ist für meine Eltern immer besonders schlimm. Sie durchleiden alles noch 100-mal schlimmer als man selbst. Aber so sind Eltern nun mal. Das weiß ich jetzt aus eigener Erfahrung.

Endlich waren die Eileiter frei, und die ursprünglich geplante weitere Behandlung konnte losgehen. Dabei wird man schonend mit Schlamm aus dem Schwarzen Meer behandelt, um die Scheide und die Gebärmutter, die aufgrund vorheriger Behandlungen leicht lädiert waren, wieder aufzupäppeln, und um die Eileiter geschmeidig zu machen. Es wurden ausschließlich natürliche Mittel verwendet und nichts Chemisches.

Diese Schlammbäder reinigten innerlich alles. Ich fühlte mich jedes Mal anschließend wie neugeboren. Jedes Mal gingen meine Mutter und ich anschließend zum Markt und kauften Lippenstifte, bunte Kleider und alle möglichen Sachen, denn jetzt war ich in Partylaune. Vorbei war die Traurigkeit! Ich war zuversichtlich.

Als die Vor-Ort-Behandlung beendet war und der Tag der Abreise kam, bekam ich einen Behälter mit Schlamm ausgehändigt. Dazu gab es noch ein offizielles Schreiben mit Stempel und Unterschrift darauf, damit wir am Flughafen keine Probleme haben würden. Die hatten wir aber doch, wie zu erwarten war, am Flughafen in Deutschland …

Denn als wir am Flughafen ankamen, war der Schlammbehälter das Erste, was man kontrollieren wollte. Und nicht nur das: Der Behälter wurde auf Rauschgift untersucht. Ein Hund wurde wie aus dem Nichts hergezaubert. Der Container mit Schlamm wurde wegtransportiert. Meine Mutter und ich kamen uns wie Verbrecher vor.

Andere Fluggäste wollten natürlich auch etwas davon mitbekommen und hatten sich um uns herum drapiert, bis sie von den Sicherheitsbeamten angewiesen wurden, weiterzugehen. Wir standen in dieser großen Ankunftshalle mit den Röntgengeräten und Transportflächen für Handgepäck und wurden wie gemeine Dealer angestarrt. Dieses Verfahren dauerte so lange, dass ich meine Anschlussmaschine nach Frankreich fast verpasste. Letztendlich durften wir dann doch gehen: meine Mutter zu sich nach Hause und ich zu meiner Maschine zurück nach Frankreich.

Und das alles nur, damit ich zuhause mit der Schlammbehandlung weitermachen konnte. Eine Zeit lang zumindest, danach sollte alles im Lot sein.

Übrigens, als wir uns von der Gastgeberin und ihren Freundinnen als auch von unserer Dolmetscherin tränenreich verabschiedeten denn sie alle waren wie zu einer neuen Familie für uns geworden – versprachen wir allen, sie zur Taufe einzuladen, und Bescheid zu geben, sobald der Schlamm gewirkt hätte.

Sie warteten umsonst, denn auch dieses Verfahren verfehlte bei mir die Wirkung.

Mein Mann aber war froh, mich wieder bei sich zu haben.

Anschließend habe ich eine Zeit lang nichts mehr versucht. Ich war deprimiert und enttäuscht … und im wahrsten Sinne des Wortes ausgelaugt. Ich hatte gelesen, dass wenn man loslässt, man unerwartet schwanger wird.

Aber, ich konnte nicht wirklich loslassen. Ich unternahm momentan nur nichts Invasives mehr. Keine Ärzte, keine Arztpraxen, keine langen, verlassenen Gänge, in denen man darauf wartet, aufgerufen zu werden. Keine stickigen Kliniken, in denen man nur eine Nummer ist. Pause – einfach nur Arbeit, Freunde treffen, feiern, Museen und Vernissagen besuchen und gemütlich essen gehen. Die Zeit verstrich und es tat sich natürlich nichts. Wie immer! Frust, nicht auf der ganzen Linie, denn mit meinem Mann lief es weiterhin sehr gut und auch die Arbeit machte Spaß, aber der Frust war doch weiterhin im Hinterstübchen vorhanden.

Und dann unternahmen wir einen letzten Inseminationsversuch, der aber mal wieder vergeblich sein sollte!

Als sich nach der x-ten Insemination noch immer nichts getan hatte, vor allem jetzt, da die Eileiter frei waren, schlug der Frauenarzt vor, weitere Untersuchungen durchführen zu lassen.

Ich muss gestehen, dass ich gar nicht gedacht hätte, es würde noch etwas geben, das wir noch nicht ausprobiert hatten. Und doch!

Wir erhielten also mal wieder einen Zettel: ein Formular, auf dem ganz viele Positionen angekreuzt waren. Dieser war so etwas wie eine Überweisung für ein anderes spezielles Labor. Das war nicht irgendein Labor, sondern ein auf DNA-Analysen und Blutuntersuchungen spezialisiertes. Dabei wurde also auch uns Blut abgenommen, was sonst? Denn mein Arzt konnte es einfach nicht mehr verstehen, wieso einfach nichts half. Ich wurde nicht ein einziges Mal schwanger. Nichts, einfach gar nichts seit der Fehlgeburt vor Jahren, und das trotz mittlerweile freier Eileiter!

Bei dieser weiteren Blutuntersuchung stellte sich tatsächlich heraus, dass mein Mann und ich ein gemeinsames Unterchromosom (genannt Chromatid) haben. Das kommt so gut wie nie vor. Die Chance steht bei eins zu einer Million.

Super! Bingo! Mein Mann und ich haben also ein gemeinsames Chromosom. Noch ein Stein im Weg. Und jetzt?

Als ich das Ergebnis in der Hand hielt, konnte ich es nicht glauben. Wie viel konnte ich noch ertragen? Dabei muss man bedenken, dass meine Vorfahren aus Ungarn, Österreich und Frankreich kamen, also ganz sicher nicht mit den Vorfahren meines Mannes verwandt sein konnten. Wie konnte das nur möglich sein?

Der Lauf der Evolution hat sich nämlich Folgendes dabei gedacht: Wer zwei gleiche Chromosomen oder Chromatiden hat, passt nicht zusammen und muss sich einen anderen Partner suchen. Punkt! Aber die Menschheit reagiert nun mal nicht mehr so, wie vor hunderttausend Jahren! Da hatte ich mal wieder den Salat. Ich wollte der Evolution widersprechen!

Das Problem, das dadurch entsteht, wenn man gleiche Chromosomen oder Chromatiden hat, ist, dass die Eizelle und die Spermien sich gegenseitig abstoßen, weil sie sich als Gleichgesinnte ansehen – quasi als zwei Südpole, die aufeinandertreffen und sich gegenseitig abstoßen Ergo können die Spermien nicht das Ei befruchten. Also was jetzt? Offensichtlich war IVF, bzw. in unserem Fall ICSI, doch der einzige Weg für uns, denn bei dieser Prozedur werden die Spermien direkt ins Ei injiziert, und somit das gegenseitige „Abstoßen" umgangen. Das ICSI-Verfahren an sich habe ich ein paar Seiten zuvor bereits erklärt, siehe auch Anlage 8.

Fakt war: Alle Inseminationen und die ganzen Jahre in Frankreich hatten wir wohl einfach nur verschwendet, aber wer konnte schon damit rechnen?

Und dennoch! Selbst da habe ich nicht resigniert. Ich musste schließlich nur nach einem anderen Ausweg suchen, ich konnte nicht akzeptieren, dass hier das Ende der Fahnenstange sein sollte. Es gibt immer einen Plan B, sagte ich mir jedes Mal wieder aufs Neue. Und irgendwann sollte wohl irgendetwas funktionieren ...

Übrigens finde ich, die Prozesse und Zusammenhänge im menschlichen Körper zu verstehen, ist schwieriger, als einen Flug zum Mond zu planen. Es können so viele Faktoren eine Rolle spielen, wie in meinem Fall, Sachen, von denen wir noch nicht mal gehört geschweige denn damit gerechnet hatten.

Und dann stand schon der nächste Umzug an. Wir sind dieses Mal nach England gezogen. ‚Au revoir‘, drei Jahre Frankreich, ‚Au revoir‘, schönes Wetter, ‚Au revoir‘, leckeres Essen, und ‚Au revoir‘, meine Freunde! Mal wieder!

Aber ich sagte mir: „Neues Land, neues Glück." Ich sollte dieses Mal recht behalten. Allerdings erst nach vielen Hürden und ganz schlimmen Rückschlägen. Aber Schwamm drüber.

Wir kamen im November in England an: trübes Wetter, schlechtes Essen (zumindest verglichen mit Südfrankreich) und wieder zig Kisten zum Auspacken, alles neu einrichten. Strom, Internet, Konten usw. mussten neu bestellt und installiert werden. Und nebenbei mussten wir Arbeit suchen.

Aber es ging schneller als gedacht, denn im Dezember hatte ich bereits eine Festanstellung, und in der Freizeit hatte ich wieder angefangen zu recherchieren.

Natürlich zu Behandlungen, um ein Kind zu bekommen, was sonst? Ich kann es eben nicht lassen, so bin ich nun mal. Ich dachte mir: neues Land, neue Möglichkeiten und andere Verfahren. Auch Adoption haben wir in Betracht gezogen und hatten uns vorgenommen, falls es auch hier nicht klappen sollte, dann würden wir ein Kind adoptieren. Natürlich waren wir bereits zu alt, um in Deutschland ein Kind adoptieren zu können (oder zu dürfen). Denn das Wunschalter für werdende Eltern – das sich die Adoptionsheime wünschen – liegt leider zwischen 20 und 30. Und dann ist Schluss. Aber im Ausland gelten andere Gesetze als bei uns. Es gibt nämlich auch Länder, in denen man mit über 40 Jahren adoptieren kann.

Aber zuerst wollten wir es weiterhin versuchen, ein eigenes Kind zu bekommen. Was gäbe es denn noch für Möglichkeiten? Was hatte ich noch nicht ausprobiert?

Ich las alles, was ich finden konnte, machte aber gleichzeitig auch schon wieder einen Termin in einer IVF-Klinik, der Oxford Fertility Clinic. Diese Klinik bot auch noch etwas ganz Spezielles an, von dem ich zuvor auch noch nichts gehört hatte, denn es war ein neues Verfahren: PGS-Screening (**P**räimplantations**g**enetisches **S**creening). Dabei werden die im Verlauf einer IVF- oder ICSI-Behandlung entstandenen Embryos auf Krankheiten (DNA und Anzahl von Chromosomen) untersucht. Das bedeutet, dass während des Verfahrens die Chance der Embryos, lebensfähig zu sein und sich richtig zu entwickeln, untersucht wird.

Ergo: Diese Prozedur entscheidet, welche Embryos eingesetzt werden und welche nicht. Das bedeutet, dass nur diejenigen, die mit höchster Wahrscheinlichkeit überleben und sich gesund entwickeln würden, in Betracht gezogen und tatsächlich eingepflanzt werden. (Vermerk: Eigentlich wurde dieses aus England stammende Verfahren ursprünglich dazu verwendet, genetische Erbkrankheiten bei vorbelasteten Familien auszuschließen.) Aber mittlerweile wird es in der IVF-Behandlung erfolgreich angewendet.

Gleichzeitig dazu stieß ich auch auf eine Akupunktur-Therapeutin, die nicht weit weg von meiner Arbeit war und sich auf Sterilität spezialisierte. Ich dachte, was soll's? Einen Versuch ist es wert!

Im Januar hatte ich bereits meinen ersten Termin in der IVF-Klinik und gleichzeitig die erste Sitzung bei der Akupunktur.
Diese verlief folgendermaßen: Eine sehr junge Dame empfing mich. Ich wunderte mich über ihr jugendliches Aussehen und über die außergewöhnlichen Bewertungen, die ich gelesen hatte, denn dadurch hatte ich angenommen, es müsse eine ältere Dame sein. Dennoch hatte ich sofort ein gutes Gefühl. Es

war die Art und Weise, mit der sie alles anging. Es war diese Ruhe. Es war wie sich runterfahren zu dürfen. Es war wie zu Hause ankommen.

Nach einem recht langen und ausgedehnten Gespräch und Erläuterungen zu meiner Person und meinen bisherigen Versuchen sollte ich es mir auf einer Liege bequem machen, die Augen schließen, an nichts denken (als ob das für mich so leicht gewesen wäre!) und aus dem tiefsten Bauch atmen.

Wie, aus dem Bauch atmen? Ich wusste vorher gar nicht, dass man aus dem Bauch heraus atmen konnte. Ich atme doch durch die Lunge, wollte ich sagen.

Aber sie legte mir eine Hand auf den Bauch und zeigte mir, wie gespannt dieser war. Ich stand immer unter Druck. Ich atmete zu kurz. Ich atmete tatsächlich immer zu kurz.

Kein Wunder, dass ich regelmäßig Magenprobleme hatte, denn ich atmete nicht durch den ganzen Körper, sondern nur bis zur Mitte hin. Ich konnte eben niemals loslassen und war immer angespannt. Wie bitte? Wie geht das mit dem „aus dem Bauch atmen"? Und was soll das alles?

Es ist nämlich so: Man soll darauf achten, dass sich auch der Bauch aufbläht, wenn man Luft einzieht und dass der Bauch sich richtig ausleert, wenn man ausatmet. Natürlich nicht immer! Aber wenn man ständig verspannt ist, entstehen Magenprobleme. Das bedeutet, sich nicht immer nur diese kurzen Atemzüge zu erlauben.

Daher sollte man wenn der Körper sich mal wieder verkrampft, weil man nervös ist, oder weil man wieder schlechte Nachrichten erhalten hat, darauf achten, dass dieser Frust nicht in der Magengegend stecken bleibt.

Erstaunlich, wie einfach und unglaublich schnell sich meine Magenprobleme in Luft aufgelöst hatten! Davor hatte ich immer etwas gegen Magenschmerzen dabei (Gaviscon-Lutschtabletten), denn ich litt sehr oft daran, natürlich stressbedingt.

Die Magenspiegelung, die ich mal hatte, hätte ich mir sparen können, hätte ich gewusst, dass ich nur auf meine Atmung achten muss, wenn ich mal wieder Ärger habe. Danach habe ich keine Magentabletten mehr gebraucht, und auch jetzt brauche ich nichts mehr, denn ich weiß, worauf ich achten muss.

Nachdem die Akupunkturexpertin mir die richtige Atemtechnik erklärt hatte, stellte sie mir jede Menge Fragen. Ich lag ruhig da und sie brachte mir die kleinen Akupunkturnadeln an verschiedene Körperstellen an. Nach fast jedem Nadelstich durfte ich die Zunge herausstrecken, damit sie die Wirkung der Nadeln auf meinen Körper beobachten konnte. Faszinierend. Ich kann mir die Wirkung dieser kleinen Nadeln nach wie vor nicht erklären, aber so klein sie auch sein mögen, sie können wirklich Großes bewirken.

Nachdem sie eine Anzahl von Nadeln in verschiedene Arm-, Hand-, Fuß-, Bein-, Bauch- und Kopfregionen meines Körpers gesteckt hatte, zündete sie eine kleine Kerze an, die sie mir auf den Bauch legte, und verließ wie auf Katzenpfoten den Raum. Sie überließ mich meinen Gedanken und einer entspannenden Ruhe. Vollkommen still! Keine Musik, sondern einfach nur Stille. Es war so entspannend, dass ich fast eingeschlafen wäre. Irgendwann kam sie wieder. Ich sollte erneut die Zunge ausstrecken. Dann setzte sie sich und schrieb auf einem Zettel, welches Essen ich zu mir nehmen sollte und was ich bis zum nächsten Mal alles ändern sollte.

Im Laufe dieser Sitzungen veränderte die Akupunktur-Therapeutin mein Leben grundlegend, ja, sie stellte es regelrecht auf den Kopf. Alle schlechten Angewohnheiten, die ich zuvor nicht mal als schlecht betrachtet hatte, wurden abgeschafft. Aber da sieht man dann, was man alles falsch macht.

Ich habe ihre Empfehlungen hier unten gelistet.

Was meine Akupunktur-Therapeutin mir empfohlen hat und bei mir tatsächlich Wirkung zeigte:

1. Beim Internet-Surfen und Mails checken den Laptop, das Tablet oder Handy niemals auf den Bauch legen.
2. Sich farbenfroh kleiden, denn das kann die Stimmung des Körpers im positiven Sinne beeinflussen, also bye-bye, Schwarz!
3. Beim Essen darf man weder am Handy spielen, fernsehen oder lesen (was ich wirklich sehr gerne tue), sondern sich ausschließlich aufs Essen konzentrieren. Das fiel mir besonders schwer, da ich normalerweise beim Essen immer ein Buch in der Hand habe.
4. Anschließend nach dem Essen, ganz gleich ob Frühstück, Mittagessen oder Abendessen, zumindest einmal am Tag eine kleine Pause einlegen, um kurz spazieren zu gehen (10 bis 15 Min.). Ich machte den Spaziergang immer mittags.
5. Beim Fernsehen den Körper, vor allem den Bauch, nicht in Richtung Fernseher drehen. Man sollte sozusagen auf dem Rücken liegen und nur den Kopf Richtung Fernseher drehen. Wenn Sie lieber im Sessel sitzen, dann diesen so wegdrehen, dass nur der Kopf den spannenden Fernsehsendungen folgt, während der Körper sich erholt.
6. Natürlich viel Wasser trinken. Ich musste sogar 4 Liter Wasser am Tag trinken, um meinen Körper von den ganzen IVF-Behandlungen und Hormonen zu entgiften. Normalerweise sind 4 L am Tag zu viel, denn dadurch scheidet der Körper zu viel Salz aus. Also auch mit dem Wasser trinken nicht übertreiben, es sei denn, es wurde Ihnen empfohlen und der Grund dafür erklärt.
7. Viel Obst und Gemüse essen (Das sollte man sowieso tun).
8. Meine Therapeutin hat mir wöchentlich einen Zettel mit einem speziell für mich entworfenen Essensplan ausgehändigt. Immer abhängig von den zuvor geführten Gesprächen und der genauen Untersuchung meines Körpers und vor allem meiner Zunge (Sie ging immer sehr akribisch vor und hat sich ca. eine Stunde für mich pro Behandlung genommen). Was allerdings sogar sehr oft auf meinem Plan stand, waren Suppen, besonders häufig Blumenkohlsuppe, natürlich aus frisch zubereiteten Gemüsesorten.

Ich tat alles wie empfohlen, machte mehr Spaziergänge als jemals zuvor, achtete darauf, dass ich alle Punkte befolgte.

Gleichzeitig bekamen wir Besuch von Freunden und Freundinnen aus Deutschland. Zwei von ihnen waren schwanger: die eine im sechsten Monat, die andere wusste es zu diesem Zeitpunkt selbst noch nicht.

Weil die Akupunktur sich offensichtlich so positiv auf meinen Körper auswirkte, wurde ich während des Besuchs unserer Freundinnen und Freunden (oder ein paar Tage später) tatsächlich auch schwanger.

Und das nach nur drei Monaten Akupunktur-Behandlung.

Denn, ob Sie es glauben oder nicht, Schwangerschaft ist ansteckend!

Klingt lustig oder sogar irrational? Ja! Ist es aber nicht! Denn Gebärmütter kommunizieren miteinander. Das klingt jetzt wie aus einem Science-Fiction-Film, nicht wahr? Und doch ist es eine Tatsache! Das habe ich zwischenzeitlich sehr oft beobachtet. Und so wurde ich tatsächlich schwanger. Aber wie gesagt wusste ich das noch nicht, denn ich war weiterhin mit anderen Sachen beschäftigt.

Parallel zur Akupunktur schaute ich mich nach anderen Möglichkeiten um und las viel. Ich hatte gerade ein Buch gelesen (nicht während der Essenseinnahmezeiten, versteht sich), und zwar „Is Your Body Baby-Friendly?" (auf Deutsch: Ist dein Körper für ein Baby geeignet?).

Darin werden unzählige Gründe aufgelistet, weshalb der Körper sich weigert, schwanger zu werden, bzw. warum er es einfach nicht werden kann.

Einer dieser Gründe war tatsächlich unglaublich, traf aber auf mich zu. Und nicht nur auf mich, sondern auf viele andere, die wie ich mit IVF, ICSI und weiteren Hormonpräparaten versucht hatten, ein Kind zu bekommen.

Aufgrund der vielen Hormonbehandlungen- entwickelt der Körper eine Abwehrreaktion gegen alle Eindringlinge und baut Abwehrzellen auf, die leider auch gesunde Körperzellen abtöten, darunter auch Spermien und selbst die eigenen Eizellen und Embryos. Diese halten sich in der Gebärmutter auf und verhalten sich wie Soldaten (oder wie Antikörper), die alles Neue, alles, das sich ihnen nähert und noch nicht in der Gebärmutter vorzufinden ist, vernichten. Das ist eine natürliche Abwehr des Körpers, um unerwünschte chemische Produkte abzustoßen. Leider geht das aber nach hinten los. Diese Zellen heißen ‚NKC‘, ‚natural killer cells‘ (natürliche Killerzellen). Um dieses Phänomen zu untersuchen, bzw. zu unterbinden, falls mein Körper auch davon betroffen sein sollte, machte ich einen Termin bei einem Immunologen. Was macht ein Immunologe? Er diagnostiziert, falls vorhanden, Störungen des Immunsystems und versucht, diese zu umgehen bzw. zu behandeln.

In diesem Buch fand ich aber auch eine Empfehlung, die mir vollkommen einleuchtend klang, und zwar die Kombination von Folsäure zusammen mit B12, wenn man nicht mehr 20 ist und schwanger werden möchte. Vitamin B12 erneuert Zellen bzw. lässt Zellen nicht so schnell altern. Das ist bei Eizellen wirklich von Vorteil, denn die Eizellen reifen genauso schnell heran, wie wir Frauen altern. Das ist leider so. Und: Die Anzahl der Eizellen ist bereits von Geburt an gegeben, d. h., wir tragen eine begrenzte Anzahl an Eizellen das ganze Leben lang mit uns herum, und es werden keine neuen produziert. Zumindest kann man dazu beitragen, dass diese etwas länger frisch bleiben, und zwar mit Hilfe von Vitamin B12. Ich bestellte sie damals noch übers Internet, aber dazu sind mittlerweile unzählige Produkte auf dem Markt, die man auch direkt in der Drogerie kaufen kann. Folsäure sollte man sowieso die ganze Zeit einnehmen, wenn man schwanger werden möchte.

Also besorgte ich mir diese Tabletten und machte einen Termin beim Immunologen. Gleichzeitig hatte ich auch schon einen Termin für die nächste IVF-/ICSI-Behandlung vereinbart.

Übrigens nur so als kleine Anekdote nebenbei: In England einen Termin bei einem Spezialisten auszumachen, ist keine so einfache Sache, denn dort läuft es so ab: „Geht es dir schlecht, bist du krank? Dann geh in die Apotheke und lass dich beraten. Was? Der Apotheker kann dir nicht helfen? Dann darfst du zum Hausarzt gehen. Nicht zu einem, den du dir aussuchst! Nein! Zu dem, der in deiner Region praktiziert, also abhängig von deiner Postleitzahl."

Um zu einem Spezialisten überwiesen zu werden, musst du starke Nerven haben, denn die Hausärzte geben nicht gerne zu, dass sie etwas nicht können. Ich hatte aber das Glück, über die Arbeit meines Mannes privatversichert zu sein, und konnte somit den Weg zum Hausarzt umgehen und direkt Termine bei allen möglichen Spezialisten ausmachen.

So gelangte ich endlich zum Immunologen. Wie immer erzählte ich meine Geschichte und meinen langen Leidensweg. Er unterhielt sich sehr lange mit mir. Dann nahm er mir Blut ab und schickte es an ein Labor. Der Zettel, den der Immunologe fürs Labor ausfüllte, hatte ungefähr 50 Kreuzchen – die bei mir beinahe alle gesetzt wurden – um bestimmte Sachen zu untersuchen. Schließlich erzählte er mir, dass er und sein Kollege gerade dabei seien, eine Behandlung auszuprobieren – eine Studie sozusagen –, mit deren Hilfe es im Verlauf einer Schwangerschaft nicht mehr zu Fehlgeburten kommen und das Baby sich im Körper gut entwickeln können sollte. Ich war Feuer und Flamme dafür und teilte ihm sofort mit, dass ich an dieser Studie unbedingt teilnehmen wollte.

Er warnte mich aber und sagte, dass ein gewisses Restrisiko nicht auszuschließen wäre: Das Baby könne eine Hasenscharte bekommen, denn das Präparat enthielt Anabolika. Was ist das? Anabolika nehmen z. B. Leute, die schnell Muskeln aufbauen wollen. Sie sind nicht unbedingt gesund. Ich stimmte trotzdem zu und freute mich darauf, gleich im Verlauf der nächsten IVF-Behandlung mit dem vorgeschlagenen Produkt, Prednisolon, anfangen zu dürfen, zusätzlich zur Folsäure, den Präparaten und Hormonen, die man während der IVF/ICSI-Behandlung erhält und einnehmen soll (bei mir wie bereits erwähnt Folsäure und Progesteron).

Ein paar Tage vor der nächsten ICSI-Behandlung ließ ich extra meine Eltern einfliegen, damit sie mich bei der Eizellenentnahme unterstützen konnten, da mein Mann unaufhörlich geschäftlich verreisen und irgendjemand mich heimfahren musste.

Mit dem Termin beim Immunologen hinter mir wartete ich auf die Ergebnisse der Blutabnahme. Meine Eltern waren da, meine Termine in der IVF-Klinik waren minutiös geplant, aber meine Periode kam nicht. „Was?", fragte ich mich. Wahrscheinlich einfach zu viel Stress mit den ganzen Besuchen, die wir in letzter Zeit gehabt hatten, den Terminen hier und da und der Arbeit und Akupunktur.

Ich rief in der Klinik an und sagte, dass sich die Termine wohl etwas verschieben würden, da ich meine Tage noch nicht bekommen hatte. Selbst da habe ich mir noch nichts gedacht, denn eine leichte Schmierblutung war schon sichtbar. Aber am vierten Tag fand ich es dann doch komisch. Denn – wie bereits erwähnt – nach meiner Periode konnte man normalerweise die Uhr stellen. Unschlüssig ging ich am fünften Tag äußerst aufgeregt in die Apotheke und kaufte einen Schwangerschaftstest.

So stellte ich fest: Ich hatte meine Eltern umsonst einfliegen lassen, denn ich war schwanger. Zum ersten Mal auf natürliche Art und Weise schwanger! Dank Akupunktur und strengen Nahrungs- und Lebensplans.

Ich konnte es nicht glauben. Es war passiert! Keine Hormone, keine Operationen, keine Spritzen. Nichts! Einfach nur gesundes Essen, Spaziergänge, farbenfrohe Kleidung und Akupunktur.

Und auch schwangere Freundinnen in der Nähe zu haben, hatte geholfen, denn man glaube es nicht, aber ich betone nochmals: Schwangerschaft ist ansteckend! Versuchen Sie sich in der Nähe von Schwangeren aufzuhalten. Nicht umsonst kommt es in Familien so oft vor, dass eine der Damen schwanger wird und kurze Zeit später auch noch die nächste. Oder haben Sie das bei sich auf der Arbeit noch nicht bemerkt? Eine Kollegin wird schwanger, und plötzlich die nächste und ein paar Monate später auch noch eine weitere. Das war auch bei mir in der Arbeit so nachdem ich schwanger wurde. Das erzähle ich später noch.

Ich war also schwanger. In England kann man aber nicht einfach so zum Gynäkologen gehen und sich untersuchen lassen. Man muss zuerst beim Hausarzt anrufen und eine Hebamme für sich bestellen. Sonst bekommt man für die neunte Schwangerschaftswoche keinen Ultraschalltermin mehr, sondern erst in der 15. Woche! Das wusste ich nicht. Hat jemand jemals schon so etwas gehört? Ja, so läuft es in England ab.

Aber ich war privatversichert. Juhu! So bekam ich einen Termin bei einer Gynäkologin. Auf dem Ultraschall war ein Herzschlag zu sehen. Mir zitterten nicht nur die Hände, sondern auch die Beine vor Freude. Die Gynäkologin meinte allerdings, dass anhand der Kalenderwoche, in der ich mich bereits befand, die Schwangerschaft nicht ausreichend vorangeschritten war. Ich dachte mir nichts dabei und schob es darauf, dass ich vielleicht den Eisprung später gehabt hatte, als ich es zuerst annahm. Also bestellte sie mich für die daraufkommende Woche wieder rein. Erneut stimmte die Größe einfach nicht. Es kam mir wie ein Déjà-vu vor, nur dieses Mal mit Herzschlag.

Mein Mann und ich begleiteten meine Eltern zum Flughafen, und das mit einem lachenden und einem weinenden Auge. Ich werde diesen Abschied mein Leben lang nicht vergessen. Selbst jetzt könnte ich noch genau sagen, welche Kleidung ich an diesem Tag trug, wie mich meine Eltern angeschauten und wie wir uns voneinander verabschiedeten. Es war traurig, denn innerlich fühlte ich, dass dieser Kampf nicht gewonnen werden konnte. Hätte ich zu diesem Zeitpunkt bereits Prednisolon eingenommen, wäre es vielleicht niemals zu einer Fehlgeburt gekommen, aber da hatte ich die Medizin noch nicht. Ein paar Tage später bekam ich eine starke Blutung. Mein Mann fuhr mich ins Krankenhaus, denn es war Wochenende.

Am Empfang beschrieb ich mein Problem und man ließ mich dennoch ganze zweieinhalb Stunden warten. Ich ging immer wieder zum Empfang und betonte weinend, was mein Problem wäre, aber ich wurde trotzdem nicht vorgezogen. Kann man sich das vorstellen? Man ist im Begriff, das Baby zu verlieren, aber mit einer solchen Lappalie ist man nicht wichtig genug, um vor andere Patienten dran genommen zu werden. Als ich endlich aufgerufen wurde, fing man mit Temperaturmessung an. Ich sagte aber immer wieder, dass ich nicht krank wäre, sondern eine starke Blutung hätte – trotz Schwangerschaft. Ich stieß aber nur auf taube Ohren. Nach der Temperaturmessung sollte ich erneut im Wartezimmer Platz nehmen. Ich schätze, man hatte mich nur aufgerufen, um mich ein bisschen herunterzufahren. Wahrscheinlich hatte ich ihnen zu viel Terz gemacht, den ach so ,polite people of England'. Ja, ich machte viel Aufhebens um meinen Zustand, aber es ging mir dreckig! Als ich wieder aufgerufen wurde, bat man mich, mich auf ein Bett zu legen. Der Arzt hörte sich kurz meine Beschwerden an (nur anhören wohl bemerkt), nur um mir dann mitzuteilen, dass man mich nicht richtig untersuchen könne, da sie kein Ultraschallgerät hätten. Dieses wäre an diesem Tag oben auf der Entbindungsstation, und da durfte ich nicht hin, schließlich war ich nicht im Begriff zu entbinden.

EIN ULTRASCHALLGERÄT FÜR EIN GANZES KRANKENHAUS!

Hat das schon mal jemand gehört? Heutzutage? In England? Das ist nicht die Dritte Welt! Und auch nicht der Urwald! Das ist England, damals sogar noch Teil der EU. In einem Krankenhaus bei London!

Man hätte meinen können, dass die Briten fortschrittlicher wären und dort mehrere Ultraschallgeräte haben würden, aber das Gesundheitssystem dort ist so veraltet, das glaubt man kaum. Also lag ich allein auf einer Liege, denn mein Mann durfte nicht mit, und wurde untersucht. Allerdings nur von außen, komplett angezogen, denn mehr konnte man für mich sowieso nicht tun, wie man mir mitteilte. Ich sollte wieder nach Hause gehen und abwarten, ob die Blutung aufhören und ich das Baby behalten würde oder nicht. Ich fühlte mich so alleingelassen. Was ist das für eine apathische Welt? Wie kann man eine Schwangere, die vielleicht nicht mehr schwanger ist, einfach so entlassen?

Mein Mann fuhr mich nach Hause, wo die Blutung so stark wurde, dass ich das Baby verlor. Ich war am Boden zerstört. Aber ich bin ein Stehaufmannchen (oder -mädchen). Ich habe mich nicht unterkriegen lassen. Im Gegenteil! Ich sagte zu mir: „Okay, es ist das erste Mal, dass du auf natürliche Art und Weise schwanger wurdest, nur ein paar Monate nachdem, du die Akupunkturbehandlung angefangen hast. Es ist wohl offensichtlich, dass diese Behandlung eine Wirkung zeigt, also wirst du weitermachen."

Mein Mann schaute mich an und fragte mich: „Bist du dir sicher, dass du es weiter versuchen willst?" Ich nickte nur, und mein Mann erwiderte: „Okay." Somit versuchte ich, meine Tränen wegzuwischen, habe meine Gebärmutter gelobt, denn ich war durchaus stolz auf alles, was ich ihr bisher zugemutet hatte, und darauf, dass sie offensichtlich dennoch so gut funktionierte. Denn man darf nicht vergessen, dass man im Laufe dieser ganzen Prozeduren seinem Körper enorm viel zumutet.

Ich habe mich bei meiner positiven Lebenseinstellung bedankt und vor allem beim Universum. Ja, für alles bedanke ich mich beim Universum. Ich glaube daran, dass da draußen eine positive und eine negative Energie herrscht. Ich versuche, der positiven Energie etwas abzugewinnen und mich dementsprechend zu verhalten. Immer.

Aber ich wurde in den nächsten Wochen und Monaten nach dieser Fehlgeburt nicht wieder schwanger. Es heißt, dass die Gebärmutter leicht wieder schwanger wird, wenn sie sich einmal aufgewärmt hat (und mit ‚aufwärmen' meine ich eine Schwangerschaft), aber es tat sich dennoch nichts. Ich ging brav zur Akupunktur, aß die Kohlsuppen und stellte meine alten Gewohnheiten weiterhin schön auf den Kopf. Es stimmt schon: Diese Umstellungen bewirkten auch, dass ich mich im Allgemeinen gesünder fühlte.

Das Schlimmste war aber, dass eine meiner Kolleginnen auch eine Fehlgeburt hatte und im nächsten Monat sofort wieder schwanger wurde und ihre anschließende Schwangerschaft friedlich verlief, während sich bei mir nichts mehr tat. Kann man sich das vorstellen? Fehlgeburt, und im nächsten Monat wieder schwanger! Neid!

Umso frustrierender wurde es, als meine Arbeitskolleginnen alle, eine nach der anderen, schwanger wurden. Es schien so, als wäre bei uns auf der Arbeit die Schwangerschaft ausgebrochen. Und obwohl ich mich in deren Nähe aufhielt: nichts!

Ich fing mal wieder an zu recherchieren. In der Zwischenzeit hatte ich auch Prednisolon zu Hause, für alle Fälle bereit. Die Hoffnung stirbt bekanntlich zuletzt.

Während meiner Recherche fand ich Berichte über eine spezielle Uhr. Man trägt sie ganz normal am Handgelenk, sie zeigt aber – und jetzt kommt's – den Eisprung bzw. die fruchtbaren Tage an. Ich wusste eigentlich ganz genau, wann ich einen Eisprung hatte, denn ich spürte immer ein starkes Ziehen auf der rechten Seite. Aber Fakt ist, dass die zwei Tage vor dem tatsächlichen Eisprung sogar noch besser sind, um schwanger zu werden, wie bereits beim Temperaturkalender erwähnt. Also war es klar, dass diese spezielle Uhr eine große Hilfe sein könnte. Und sie musste her!

Diese Uhr gab es damals aber nur in Amerika. Wie immer kam diese Neuheit erst später zu uns. Übrigens, bei uns kostet sie jetzt um die 300 €.

Wir hatten zu diesem Zeitpunkt Freunde in Amerika. Nicht nur das:Eine dieser Bekannten aus Amerika war eine der schwangeren Besucherinnen, und zwar diejenige, die zum Zeitpunkt des Besuchs selbst noch nichts von ihrer Schwangerschaft wusste, die mich aber mit ihrer Schwangerschaft unbewusst „ansteckte".

Also rief ich sie selbstverständlich an. Dabei teilte sie mir mit, sie sei im sechsten Monat schwanger. Ich schluckte meine Tränen hinunter und gratulierte ihr von Herzen. Denn ich wusste, wie schlimm es ist, sich ein Baby zu wünschen. Ich wusste auch, dass sie es auch nicht leicht gehabt hatte, schwanger zu werden. Also dachte ich mir, wenn sie es geschafft hat, dann wird sie wohl so nett sein und mir helfen, damit auch ich endlich mal diesen Kampf gewinnen kann. Sie würde mir sicherlich oder jetzt, da sie so glücklich war, erst recht die Uhr mit dem benötigten Zubehör besorgen und zukommen lassen.

Ergo sollte man meinen, dass sie mich und mein Problem verstehen und mir sicherlich auch helfen würde.

Aber Sie werden es nicht glauben: Sie weigerte sich, erfand alle möglichen Ausreden und ging letztendlich nicht mehr ans Telefon. Es war so, als wollte sie nicht, dass auch ich schwanger werden würde. Es war so etwas wie Neid in ihrer Stimme zu hören. Ich war wie gelähmt. Und so etwas von jemandem, der sich bei mir ausgeweint hatte, jedes Mal, wenn sie mit ihrem Mann oder den Behandlungen Probleme hatte!

Das ist also jemand, für den du immer erreichbar warst und ein offenes Ohr für seine Probleme hattest, wenn es mal wieder Stress gab. Ausgerechnet dieser jemand dankt dir damit, dass er dir im besten Fall als Dankeschön das Messer in den Rücken rammt. Sie hat mir auf jeden Fall die Uhr nicht besorgt ... Ohne Worte! Ich war so maßlos enttäuscht!

Aber Schwamm drüber! Denn auch da ergab sich eine andere Möglichkeit. Meine Damen, Sie sehen also, nicht aufgeben! Es gibt immer irgendwo noch einen Plan B, und dieser war damals mein Bruder. Er hatte nämlich auch Freunde in Amerika. Diese waren so nett und besorgten mir die Uhr und schickten sie mir auch sofort zu.

Meine Familie ist einfach toll, alle miteinander! Sie helfen immer!

Dann kam die Uhr an. Ich habe sie als mein wertvollstes Schmuckstück behandelt. Ich hielt sie natürlich auch für etwas, das die Erfüllung meines innigsten Wunsches ermöglichen würde. Sie war meine Zauberlampe, auch wenn ich nicht Aladin bin. Ich legte alle meine Erwartungen und Hoffnungen zusätzlich zur Akupunktur in diese Uhr.

Mein Mann und ich verreisten an den Wochenenden immer mal wieder, hauptsächlich, um auf andere Gedanken kommen, doch die Uhr reiste mit. Sie war mein treuster Begleiter geworden. Und dennoch tat sich weiterhin nichts! Wie konnte das sein?

Während die Tage ins Land zogen und die erwünschte Wirkung ausblieb, ging ich wieder zur IVF-Behandlung über, jedoch in Begleitung der Akupunktur.

Die IVF/ICSI-Behandlung fand in der Oxford Fertility Clinic statt, wo es ein neues Verfahren gab: PGS-Screening (Anlage 7). Dieses Verfahren ist eine sogenannte Erstuntersuchung der

Embryos. Es prüft sie auf deren Gesundheitszustand und Lebensfähigkeit. Noch nicht mal Babys und bereits eine Untersuchung!

Natürlich kostete das mal wieder enorme Summen, aber da ich privatversichert war, mussten wir für die Behandlungen nichts bezahlen. Ausnahme war das PGS-Screening, doch das nahm ich gerne hin, denn ich war bereit, mein letztes Hemd dafür herzugeben. Das musste ich letztendlich aber doch nicht.

Gerade als wir endlich erneut loslegen wollten, starb meine Großmutter, meine heißgeliebte Oma, die immer mitgefiebert hatte und immer fragte, ob sich endlich etwas getan hätte. Das war im Juni.
Daraufhin habe ich mich mit noch mehr Eifer an die Sache heran geschmissen, denn das war ich meiner Oma schuldig.

Und als die Behandlung ihren Lauf nahm, wurden mir mal wieder 15 Eizellen entnommen. Davon ließen sich zehn befruchten und wurden zu Embryos. Danach folgte das PGS-Screening. Das Ergebnis war niederschmetternd. Von den zehn Embryos waren neun (!) nicht lebensfähig, und der ine, der eingesetzt worden war, hatte keine Früchte getragen.

Ein paar Tage später hatten wir eine Besprechung, bei der uns mitgeteilt wurde, dass die Wahrscheinlichkeit, noch ein Baby zu bekommen aufgrund meines Alters bei ca. 30 % läge. Mit Hinblick auf meine Ergebnisse riete man uns aber, aufzugeben – es würde sich sowieso nichts mehr ergeben!

Ich sollte also davon ablassen, mir ein eigenes Baby zu wünschen. Das war im Juli.

Im August teilte mir mein Vater mit, dass er Lungenkrebs hatte. Ich hasste dieses Jahr! Ich hasste es so sehr! Zuerst meine Oma, dann die Empfehlung, dass ich aufgeben sollte, und dann die Krankheit meines Vaters.

Aber mein Vater kapituliert nicht so einfach, und ich bin meines Vaters Tochter und gebe auch nicht auf.

Was gab es noch für Möglichkeiten? Für eine Adoption waren wir viel zu alt, selbst wenn ich mir das als letzten Ausweg immer noch im Hinterstübchen aufbewahrten, denn glücklicherweise nimmt man es im Ausland mit dem Alter nicht so genau.

Die zweite Möglichkeit war natürlich eine Spender-Eizelle. Das ist eine Eizelle, die einer viel jüngeren Frau entnommen wird und eigens zu diesem Zweck herangereift ist, sprich: Eine junge Dame meldet sich bei der Eizellbank an, bekommt die medizinische Betreuung samt Spritzen, Sprays und Entnahme und wir für ihre Mühen, Strapazen und ihr gutes Werk entlohnt. Frauen, deren Eizellen krank oder zu alt sind, können sich dort anmelden und anfragen und auf diese Spenderzellen zurückgreifen – gegen Bezahlung, versteht sich.

Ich besorgte mir die Daten der Spenderbank in England und telefonierte mit ihnen.

Die Antwort war nicht sehr ermutigend, denn meine Augenfarbe in Kombination mit meiner Größe und seltenen Blutgruppe bedeutete eine Wartezeit von mindestens neun Monaten – von den Kosten ganz zu schweigen. Ich hielt es für einen Wink des Schicksals: genau neun Monate!

Ich überlegte. Es würde wieder Warten bedeuten, und das so lange! Nun gut! Viel Auswahl hatte ich ja nicht mehr, und so ließ ich mich auf die Warteliste setzen.

Dann hörten wir von einer Klinik in Spanien, die Eizellen zur Verfügung stellt. Es funktionierte wie in England, aber mit kürzeren Wartezeiten, also so in etwa wie eine Spender-Eizellen-Bestellhotline. Das muss man sich so vorstellen: Man ruft an, gibt seine Daten (Blutgruppe, Augenfarbe, Haarfarbe) und weitere Besonderheiten der zukünftigen Eltern durch und bekommt binnen kürzester Zeit eine Antwort mit der Wartezeit, um die passende Spender-Eizelle zu erhalten. Übrigens, dieses Verfahren ist in Deutschland nicht erlaubt.

Dann bekommt man eine Mappe mit einem Zeitplan zugeschickt und los geht's! Dazu mussten wir mehrfach hinfliegen, verbrachten viele Wochenenden in Spanien und erholten und entspannten uns sehr gut. Fünfmal hintereinander flogen wir hin und zurück und kannten dort bereits alle Tapas-Bars und alle Shoppingmöglichkeiten.

Und so ging es in dieser Klinik los. Das war ganz lustig, denn am Empfang dieser Klinik wurden wir zuerst alle fotografiert, während eine sehr attraktive Dame unsere Daten in einen PC eintippte.

Mit ‚alle' meine ich die anderen Patienten, die dasselbe wie wir erhofften und auch so freundlich in die Kamera lachen mussten. Pärchen standen wie im Gänsemarsch hintereinander aufgereiht, hinter uns waren es mindestens zehn. Ich wollte nicht so aufdringlich nach hinten schauen, schließlich fühlten sich vielleicht die einen oder anderen unwohl dabei.

Nachdem wir diese Schranke passierten, sahen wir das Ausmaß der Klinik. Sie war riesig. Kein Wunder, dass sie die Leute zuerst richtig dokumentieren mussten, sprich fotografieren! Das war nicht der einzige Grund, weshalb wir fotografiert wurden, sondern auch deshalb, weil man versuchte eine genau passende Eizellenspenderin zu finden, mit der man eine gewisse Ähnlichkeit hatte.

Ansonsten lief es wie auf einem perfekt funktionierenden Laufband. Wir wurden von einer Station zur nächsten geschickt – alle Patienten der Reihe nach. Alles tipptopp organisiert. Es gab keine langen Wartezeiten. Hier wurde Blut abgenommen, dort andere Termine besprochen und weiter hinten der genaue Ablaufplan. Es war wirklich eine perfekte Maschinerie. Unglaublich! Obwohl das Gebäude so riesig war, kam man sich nirgends verloren vor, denn alles wurde genau beschrieben und erklärt.

Nach diesem ersten Besuch in der Klinik wurden wir mit einem riesigen Paket an Unterlagen und Medikation wieder nach Hause geschickt. Man muss auch hier ein paar Tabletten einnehmen, aber im Gegensatz zu einer IVF-Behandlung, muss man hier keine Hormone spritzen.

Das Wochenende darauf flogen wir wieder nach Spanien, um weitere Untersuchungen vorzunehmen – und wieder und wieder. Dann sollte der Transfer der Embryos erfolgen, die aus den Spender-Eizellen und den Spermien meines Mannes entstanden waren.

Ich wartete gespannt auf den Anruf, der auch prompt kam – mit einer Hiobsbotschaft: Die Spender-Eier seien wohl nicht mehr gesund gewesen, weshalb sich keine Embryos gebildet hätten. Das hieß also wieder von vorne beginnen.

Wie viele Enttäuschungen musste ich dieses Jahr noch ertragen, fragte ich mich? Und vor allem, wie viele **konnte** ich noch ertragen?

Ich brauchte Entspannung und Ruhe!

Ein paar Wochen später machten wir uns, mein Mann und ich, ein verlängertes Wochenende in Portugal, aus dem er aber übereilt zurück zur Arbeit fliegen musste. Ich wollte noch bleiben. Bezahlt hatten wir schließlich alles, und ich wollte meinen Kopf frei bekommen. Und so folgte eine lange Trennungsszene.

Am nächsten Morgen bestellte ich mir Frühstück im Bett, denn ich wusste, ich war schwanger! Und ich hatte recht!

Ich hatte auch dieses Mal Blutungen, und zwar in der sechsten und neunten Woche, aber dank Prednisolon (nur in den ersten drei Monaten einzunehmen) habe ich mein Kind behalten.

Ja, das Warten und all die Hindernisse, Enttäuschungen und all die vergossenen Tränen haben sich gelohnt, denn mein Kind ist das schönste Kind der Welt (das sagen alle Mütter!) und trotz aller Bemerkungen, dass Kinder von Spätgebärenden (also jenseits von 25) möglicherweise mit Gendefekten auf die Welt kommen könnten, ist mein Kind nicht nur schön, sondern auch noch hochbegabt. Das liegt wahrscheinlich an der ganzen Fachliteratur, die ich verschlungen habe.

Von wegen ‚aufgeben'! Ich? Niemals! Und Sie sollten das auch nicht! Glauben Sie an sich! Ich muss schon wieder weinen, aber dieses Mal vor Freude!

Ich drücke allen die Daumen, die diesen beschwerlichen Weg auf sich genommen haben und sicherlich ihr Glück finden werden. Ich bin zuversichtlich!

Ich möchte mich bei all den fabelhaften Ärzten und auch bei dem sonstigen Fachpersonal, die wir auf meinem beschwerlichen Weg kennengelernt und die uns medizinisch betreut haben, bedanken. Vor allem auch bei meinen Eltern, die uns in jeder Hinsicht unterstützt haben, bei meinem Mann, der alles mitgemacht hat, um ein Kind zu bekommen, und allen voran möchte ich mich bei unserem Kind dafür bedanken, dass es endlich bei uns ist und unser Leben richtig lebenswert macht!

Auf meinem Leidensweg habe ich sieben Länder besucht, teilweise mit Dolmetschern, teilweise mit gebrochenen Französischkenntnissen in einem Land, in dem man niemals einen Französischsprachigen erwarten würde.

Ich habe so oft verzweifelt und mir so oft Vorwürfe gemacht, dass ich dieses oder jenes anders hätte machen können … Im Nachhinein glaube ich sogar, dass es manchmal besser ist, wenn man nicht alles versteht und auch nicht alles weiß, was mit einem nicht passt, sonst macht man sich nur noch mehr Sorgen. Das ist nicht Ziel und Zweck einer guten Behandlung, denn schließlich muss man immer alles positiv nehmen, man muss sich zwingen, die Dinge positiv zu sehen, wenn man ein Baby haben möchte.

... und wissen Sie was? Als ich anfing, im Bekanntenkreis offen davon zu erzählen, konnte ich nicht fassen, wie viele andere davon betroffen waren.

Bleiben Sie zuversichtlich! Es lohnt sich!

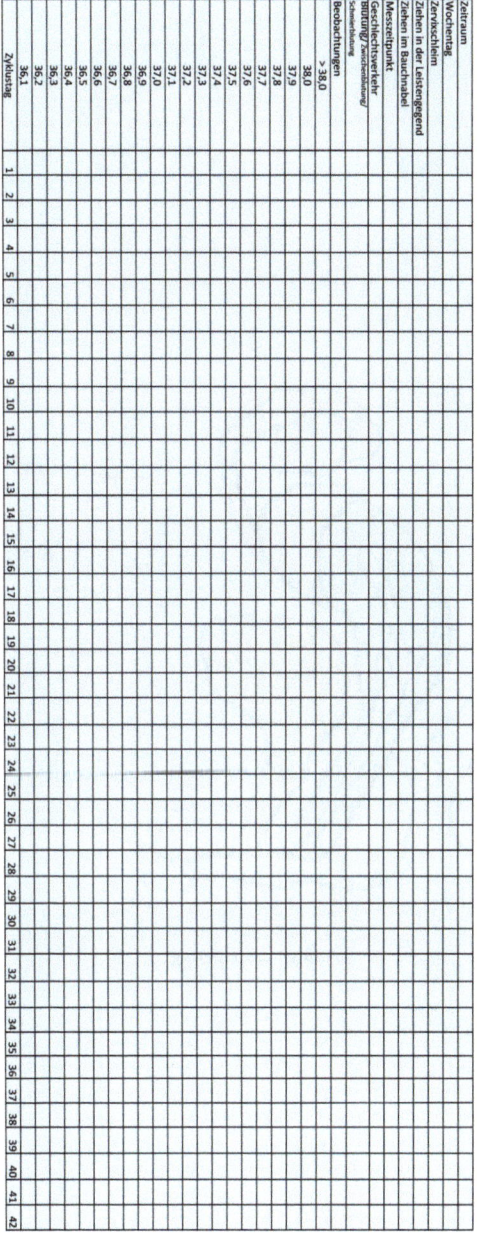

Anlage 1: Temperaturkalender

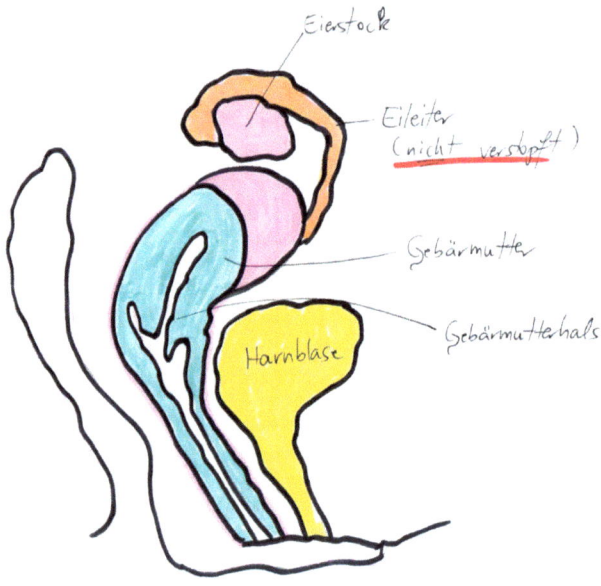

Anlage 2: Eisprung

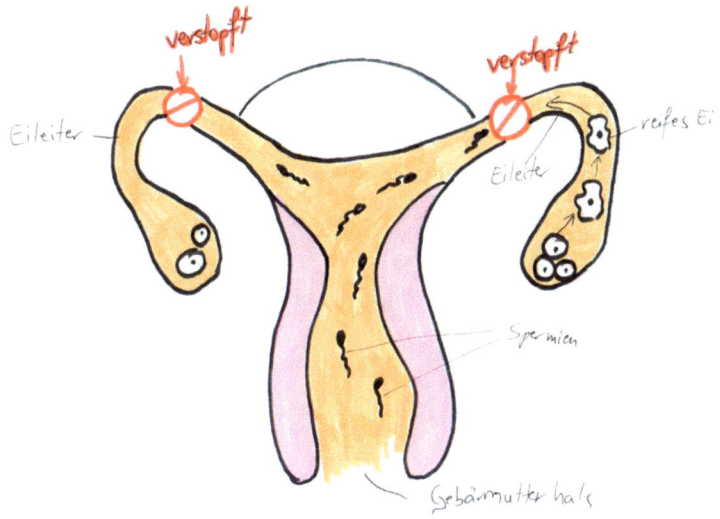

Anlage 3: Verstopfte Eileiter

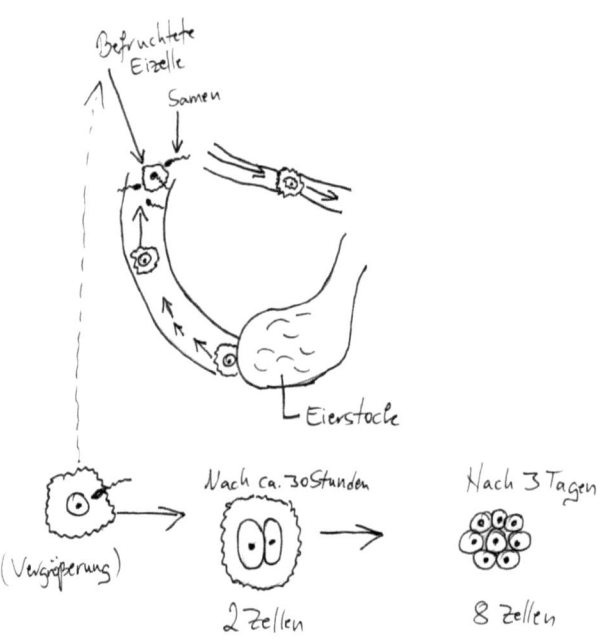

Anlage 4: IVF

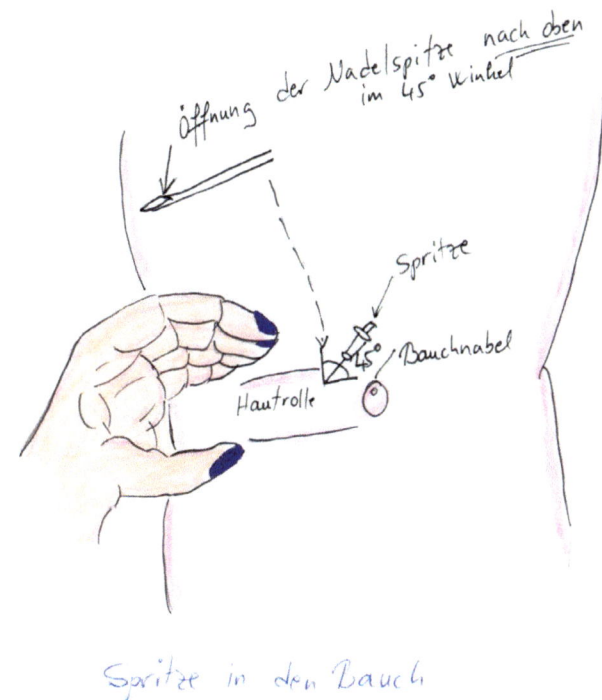

Anlage 5: Sich selbst eine Spritze in den Bauch geben

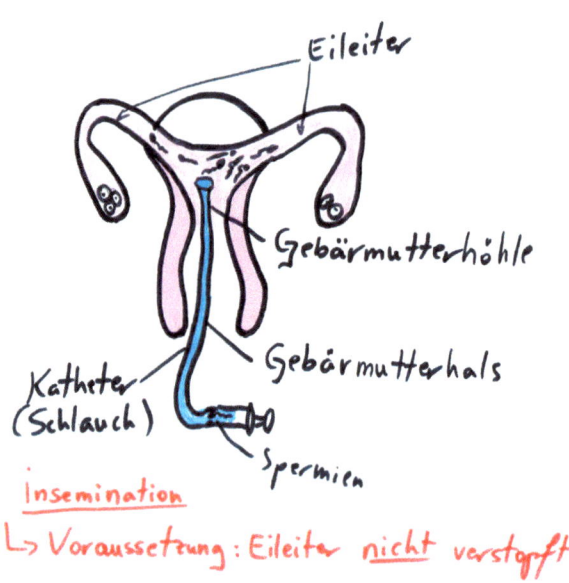

Anlage 6: Insemination

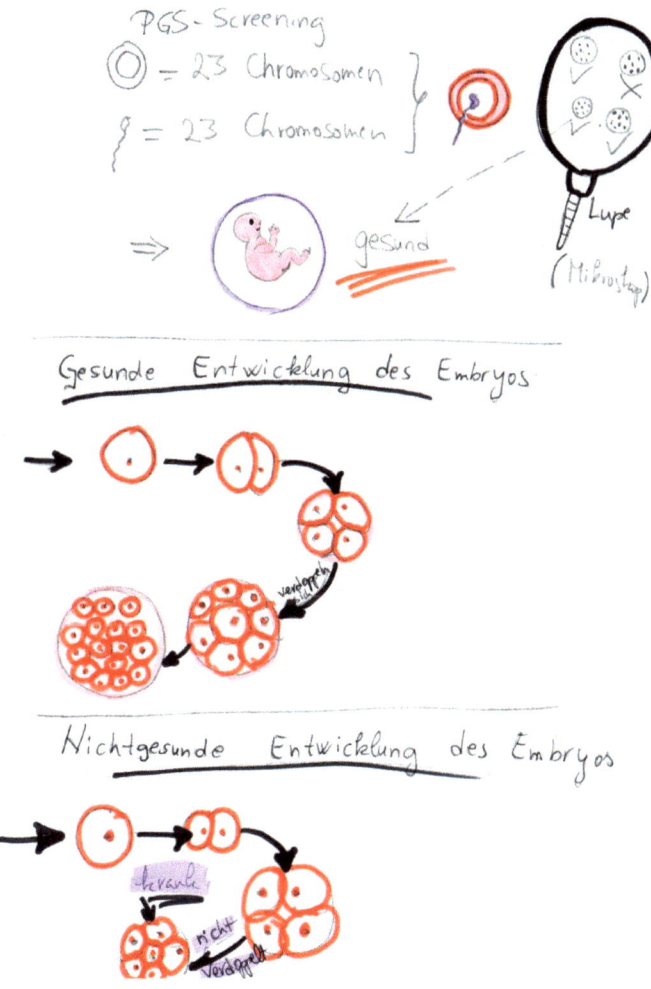

Anlage 7: PGS-Screening

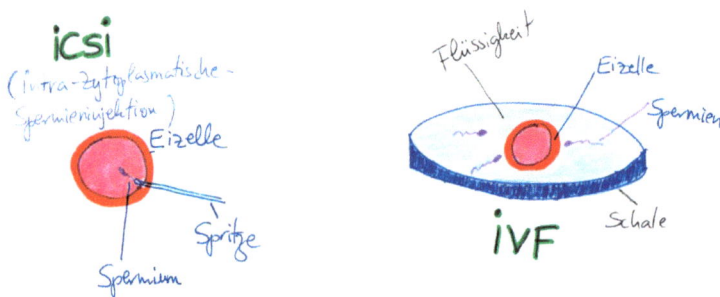

Anlage 8: ICSI

ICSI: Alle Schritte wie gehabt, also wie bei einer IVF-Behandlung, aber mit einem Zusatz: Die Spermien werden direkt in das
Ei injiziert, um die Eizelle zu befruchten.

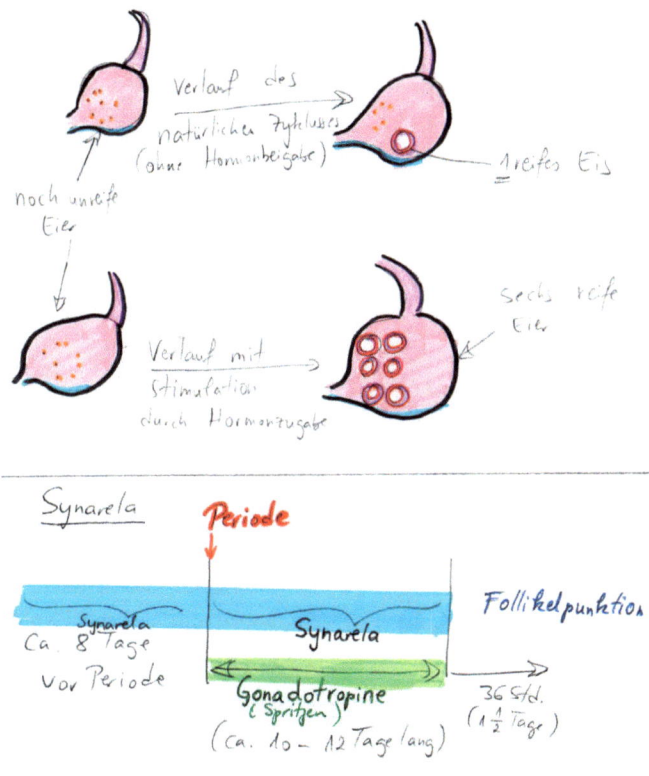

Anlage 9: Follikelstimulation

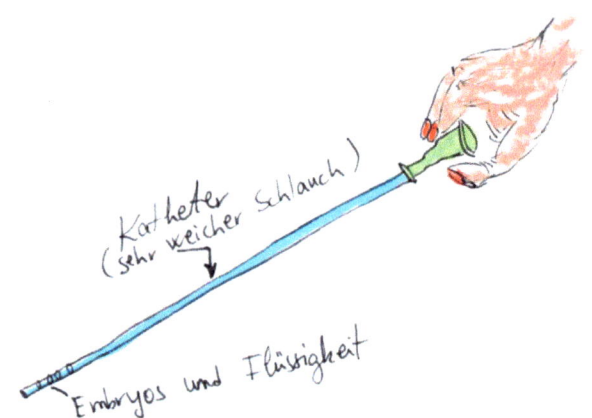

Katheter
(sehr weicher Schlauch)

Embryos und Flüssigkeit

Anlage 10: Katheter

Ein paar der Adressen, an denen wir uns helfen ließen:

München: Reproduktionsmedizin München im Tal
Spanien: Instituto Marques, Barcelona
England: TFP Oxford Fertility Clinic, Worcester
Spenderbank England: London Bridge-Klinik

Bewerten
Sie dieses Buch
auf unserer
Homepage!

www.novumverlag.com

novum ◢ VERLAG FÜR NEUAUTOREN

Der Verlag

*„ Wer aufhört
besser zu werden,
hat aufgehört
gut zu sein!*

Basierend auf diesem Motto ist es dem novum Verlag
ein Anliegen, neue Manuskripte aufzuspüren, zu ver-
öffentlichen und deren Autoren langfristig zu fördern.
Mittlerweile gilt der 1997 gegründete und mehrfach
prämierte Verlag als Spezialist für Neuautoren in
Deutschland, Österreich und der Schweiz.

**Für jedes neue Manuskript wird innerhalb we-
niger Wochen eine kostenfreie, unverbindliche
Lektorats-Prüfung erstellt.**

Weitere Informationen zum Verlag und
seinen Büchern finden Sie im Internet unter:

www.novumverlag.com